极速成交

用更少时间拿更多订单

[美] 吉尔·康耐斯 (JILL KONRATH) ◎著

刘爽男◎译

MORE SALES
LESS TIME

中国友谊出版公司

图书在版编目（CIP）数据

极速成交：用更少时间拿更多订单 / （美）吉尔·康耐斯著；刘爽男译. -- 北京：中国友谊出版公司，2017.9

书名原文：More Sales, Less Time: Surprisingly Simple Strategies for Today's Crazy-Busy Sellers

ISBN 978-7-5057-4194-2

Ⅰ.①极… Ⅱ.①吉… ②刘… Ⅲ.①销售学②时间－管理 Ⅳ.①F713.3②C935

中国版本图书馆CIP数据核字（2017）第225185号

书名	极速成交：用更少时间拿更多订单
作者	[美] 吉尔·康耐斯
译者	刘爽男
出版	中国友谊出版公司
发行	中国友谊出版公司
经销	北京时代华语国际传媒股份有限公司
印刷	三河市宏图印务有限公司
规格	880×1230 毫米　32 开
	7 印张　150 千字
版次	2017 年 9 月第 1 版
印次	2017 年 9 月第 1 次印刷
书号	ISBN 978-7-5057-4194-2
定价	42.00 元
地址	北京市朝阳区西坝河南里 17-1 号楼
邮编	100028
电话	（010）64668676

引　言

在一场大型销售会的闭幕式上，我刚刚做完主旨演讲，来自一家中型软件公司的销售人员马特，马上走近了我，脸上流露出急切的神情。"您有时间吗？"他犹豫地问道。"当然有，"我回答道，"有什么事吗？"

他的话匣子就这样被打开了。一开始，马特表示他完全同意我的观点，即销售人员需要成为客户宝贵的资源（这是我讲话的主题），听他这样说，我感到非常高兴。但随之而来的是一个大大的"但是"。

"但是，"他说道，"我现在完全累惨了。为了完成销售额，我去年近乎疯狂地忙碌着。我确实完成了销售额，但是，今年的业绩要求提升了13%。我完全不知道要怎么达到这一数字。每天天刚亮我就起床了，紧接着忙于一天的工作。我猜你能理解我的感受，在下班路上，我要去日托所将最小的孩子接回家。晚上还有家务事要忙。天知道我怎么才能既完成所有事，又学习最新的客户关系管理系统（CRM），还要做社交销售，还得……"他的牢骚滔滔不绝。

我理解这种没有时间完成所有事情的痛苦。我也曾有这样的痛苦。可能你现在正在这种痛苦中挣扎。

我表现出对马特的同情，但这毫无用处。"我非常了解你的感受，"我说道，"但是，我不是一个高效专家。我这些天过得也不太如意。"我时常感觉时间在嘲讽我：又落后了吧？你永远也无法完成所有事。于是，我更加努力地工作，延长工作时间，牺牲我有限的个人时间让自己在这场比赛中处于前列。然而，时间还是不够。我的工作内容不断扩充，领导对我提出了更多要求。我似乎永远都无法收工。

在整个职业生涯中，我从来没有遇到过这样的销售问题。

当我和马特陷入时间不足的危机时，整个销售行业都因受到销售效率的困扰而加速低迷。销售领导希望"每位销售代表能获得更多收益"。大数据驱动，技术的发展，给销售团队配备了更强大的工具，因此，他们也要奉上与之相配的销售额。

你可能会认为这些工具能帮我们达到销售额，但是情况却刚好相反。实际上，几乎每一位我认识的销售人员都延长了工作时间。据 CSO Insights[①]统计，仍有 45.4% 的人达不到销售额，这是一个

---

① CSO Insights，米勒海曼集团内部的独立研究部门致力于提升 B2B 复杂销售过程中的表现力与生产力。其发布的平度销售效率研究重点为销售和服务最佳实践、销售表现优化，堪称行业内标准。

庞大的数字。

马特的问题迫使我思考。为什么我们如此不堪重负？技术的发展难道不是应该让我们更容易完成工作，而不是制造困难吗？我到底错过了什么？

终极挑战

在我整个职业生涯中，我一直坚持探寻新的策略来应对不断出现的销售挑战。我的职业生涯开始于施乐公司，在这里，我带领销售团队不断找寻击败全新竞争者的办法，我的大把时间都耗在这里。当我出售技术时，我沉迷于寻找全新方法以摆脱现状。当我经营咨询公司时，帮助客户推动销量又成为我的终极挑战。而最近，我一直在忙于写作、演讲并开办研讨会，内容如下：

· 与远在天边的公司决策者开会（该内容在我的书籍《向大公司出售》中有提及）

· 更有效地向忙碌至极的买家进行推销（在接下来的书籍《急速销售》中有该主题内容）

· 快速了解全新销售岗位（我在上一本书《灵活销售》中深入探讨过这一技巧）

　　我做梦都没有想到，有一天我需要来着手解决销售生产力的问题。在我的心中，时间管理专家是那种精细、贪婪的人，他们专注于简化流程和节省时间。作为一个假的销售行家，我对更为重要的事物感兴趣，比如提高销售效率和拉动预算。马特的问题让我对持续疯狂忙碌的状态感到厌恶与疲倦。是时候采取行动了。我拼命学习各种关于时间管理和销售生产力的知识，渴望以此来解决问题。

　　我研读了神经系统科学家、心理学家、时间管理专家、认知行为专家、精神病医师、睡眠研究员以及商业创新者的著作。在这过程中，我努力挖掘时间管理与销售人员的关系。

　　传统的时间管理策略忽视了销售人员的特殊需求与挑战。在我们头顶上方有许多目标：期望传递途径、长期关系以及我们想要亲近的客户。如果我们想要实现目标，就需要关注以上所有内容。此外，在许多情况下，我们的销售人员只能依靠电脑。电脑是我们生存的必需品。即使与设备分开很短的时间，我们也会感到紧张。

　　我试图挖掘与时间作战、在职业生涯中重新获胜的方法。在本书中，我列出了我的追求，挑选和发明了一些策略和工具。我的终极目标是：在短时间内获得更高的销售额。我希望能帮助你摆脱忙碌，同时，不必经历苦难。

什么最重要？

想要在当今销售行业取得成功，光有生产力并不够。你还需要聪明一些：成为一位悟性高、见解深刻的优良思想家，每一次与潜在客户和客户互动时都能为其带来价值。想达成这一点，你需要深谋远虑、富有创造力并且头脑灵活。你需要关注行业内的最新动态，以及潜在客户和客户们的近况。

我们思想的质量对工作来讲至关重要，然而，很少有销售人员能够意识到它真正的重要性。

我们的工作生活中充满各种令人分神的事物，降低了我们思想的质量。在学习新事物、目标优选、情况分析、寻求新潜力以及解决复杂问题时，我们总要忍受干扰带来的痛苦。当我们在各项任务间转换时，往往会犯更多错误。

生产力高并不仅是指在较短的时间内完成更多事，还需要完成"对的事"并且做得更好。作为销售人员，我们必须腾出时间，询问一些重要的问题，像是：

· 我今天能完成的最重要的事是什么？

· 我怎样通过这位顾客获取更大影响力？

· 让多人同意并继续推进需要付出什么？

· 下一步最好这样做吗？有没有更高效的选择？

· 怎样提升我的交易成单率?

· 我应该在这个机会中投入更多时间吗?

回答这些问题需要时间以及深入的思考。如果我们发疯般地查看电子邮箱,我们就不能选出最佳行动方式。除非我们设计一种不同的工作方式,否则我们就不能获得我们需要的额外时间,每天、每周、每月都是如此。

埋头苦干

此书为销售人员、客户代表、企业家、顾问、销售支持人员和商务人士而著。如果你对为公司带来收益感到不堪重负,那么,你就能发现本书的价值,并且可以将我在书中分享的策略应用到你的工作生活中。我的目标是帮助你腾出更多时间,做回报最高的工作。

本书框架以及内容概览如下:

在第1篇"分神,销售员最大的敌人"中,你将了解在短时间内获得更高销售额时真正面临的问题。这个"分神年代"偷走了我们的注意力并且破坏了我们创造和策略性思考的能力。

在第2篇"未赢得成交的时间,就是被偷走的时间"中,你将发现通过改变你与电子邮件的关系，每天节省至少一小时的方法，同时获得专注力的提升。你还将发现改变时刻混乱局面的方法。

在第3篇"勤奋并不能让你成交更多"中，你将学习如何增添一小时额外的时间。这些策略确保你将时间花在真正重要的地方，使你思维敏锐并优化你的日程。对多数人来讲，需要重新思考如何投入时间，这一点很重要。

在第4篇"聪明的销售员会用最简单的策略"中，你会惊奇地发现，一个看似简单的方法实际可以帮你更好地养成新习惯。不到两周，你将开始以全新的眼光观察自己。

在第5篇"高效能销售员的秘密武器"中，你将发现让自己处于前列的诸多方法。你将能够完成更多工作，更好地思考并找回精力。

在第6篇"如何赢得更多交易"中，你将读到能够真正帮助你尽快达成交易的关键销售策略。你可以将它与我在书中分享的其他时间管理和生产力策略搭配使用。

为了帮助你充分利用这本书，书中囊括了多个可以在不同区域进行的试验。我鼓励你成为一名科学家，自己去试验，从而找到最适合你的工作方法。这些试验并非意味着你要去努力工作，而是要挑战你，并令你感到惊喜。当你在任何项目中增添趣味要素时，你不仅能够坚持更长时间，同时成功的概率也会大幅提升。

如果你是销售领导，那么你最关注的必定是销售生产力。现在，眼见团队中的每个人都会在不经意间每天浪费一到两小时的时间，我的建议是，你们一起阅读此书，比如，每周阅读几个篇章。设定团队挑战以激励每个人找回丢掉的时间。在你们这样做后，你的销售代表能打更多电话、开更多会，并达成更多交易。最好的方面是，你不必雇用更多销售人员来达成销售业绩。

就我个人而言，我认为这是我写过的最为重要的一本书，这本书从销售人员的角度解决了大多数人都存在的问题。我希望你能通过这本书，在提升销售量的同时，改变生活。

|||||

目录

第 1 篇　分神，销售员最大的敌人

第 2 篇　未赢得成交的时间，就是被偷走的时间

第3篇　勤奋并不能让你成交更多

第4篇　聪明的销售员会用最简单的策略

第5篇　高效能销售员的秘密武器

第6篇　如何赢得更多交易

第7篇　用更少时间拿更多订单

第 **1** 篇

|||||||||||||||||||||||||||||||||||||||||||||

分神，销售员最大的敌人

对于当今多数销售员来说，疯狂忙碌是一种生活方式。我们需要见人、写邮件、打电话、调研潜在客户并准备议案。繁重的工作会让我们感觉自己很重要。但我们也会因此感到疲劳，不堪重负。

大多数人都在猜想，是否有可能完成所有事。坦白讲，不太可能。我们与设备绑在一起，从起床的那一刻开始就无法休息，直到夜间断电。我们无法逃脱。

如果我们想要在这个永远忙碌的世界中茁壮成长而不仅是生存下来，我们就需要好好看看真正的工作方式。通常它并不有趣，但总令人大开眼界。

在该部分中，你将了解：

· 当我们所处的数字世界与人类特有的局限碰撞时会发生什么

· 改变习惯和设定目标的全新见解

首先，你会发现自己并不孤独。我们都不堪重负并在努力寻找新的工作方式。在这部分中，我们将开始一起发现解决方法。

目标：了解疯狂忙碌状态存在的根源。

01 分神测验：是什么阻碍你完成更多交易

每次有人问我"最近怎样？"时，我都会微笑着眨眨眼答道："非常忙！"我以此为荣，这样的回答令我觉得自己非常重要。

然而，我或许能够欺骗他人，让他人觉得我过得不错，但我却骗不过自己。在我愉快的外表下是一颗挣扎的心。

有一天，在极度沮丧的状态下，我决定记录自己一天的生活。我想要看看自己真正的生活状态，或许就能找到改善它的方式。我厌倦了这种一成不变的"疯狂"状态。

我的发现令人非常讨厌，但是无论如何，我也要与你分享。或许你也过着这种日子。在做出改变之前，让我们先来看看我的日常生活。

现在是星期四早晨 7:15，该起床了。我赶紧下楼喂猫并煮了一壶咖啡。在煮咖啡时，我开始整理仪容。然后，我为自己倒一大杯咖啡，加一点奶油，"扑通"一声坐在餐桌旁，开始拿起电话整理邮件。

我快速浏览夜间传来的所有信息，以正常人所能达到的最快速度，尽我所能删除信息。删除消息时我感到非常高兴，因为我今天要做的事情又少了一些。为了奖励自己，我会玩几局"猜词游戏"。然后，我会浏览最喜爱的新闻动态，以便了解国际时事。

大约半个小时后就到了上班时间。我从冰箱里拿出冰沙，斟满了咖啡，拿起电话，径直前往办公室，在这里，我能俯瞰到我家屋后的树林。在这段 17 秒的通勤时间结束后，我坐到了书桌前，打开电子邮件开始阅读，并回复那些我认为足够重要且需要保存下来的信息。

不经意中，我被内部资讯一篇名为《改变局面的 107 个销售统计数据》的文章所吸引。文中的一个参考指向了一些迷人的统计资料，因此，我追踪至信息源头，在新标签中打开了那篇研究，并将其保存下来以便稍后阅读。

然后，我让自己重新开始工作，与我的一位同事一起准备项目。项目很复杂，涉及多个采访，还需定制适合他们每一位代表的项目。我查看笔记，让自己沉浸在他们的案例研究中，并开始思考我要如何组建项目。

在我思考时，我看向窗外，发觉天开始阴了。我猜想一会儿可能会下雨，于是我打开了天气应用想了解情况。还好，暴风雨要到夜里才来。好吧，继续工作。

　　我试图重新开始处理手上的工作，却忍不住开始思考今天下午晚些时候将与潜在客户召开的会议。这是个难题。我的预期是努力让所有人达成一致。然而参与决策的五个人日程完全不同。我问自己，怎样做才能让他们都同意呢？

　　我前往"领英"想要了解更多有关决策团队的信息。当我登录"领英"主页时，电子书《我如何利用"领英"达成100,000美元的交易》的策略性推销广告映入了我的眼帘。当然，我也绕不过这则广告，因此，我点击了该链接，注册并下载了这本书，然后匆匆读了一下。这本书不错，但我还是继续工作吧。

　　重回"领英"，我查看了这些固定团队成员的简历，记下了与这些人建立联系的要点。我又顺便思考了一下进行谈话的最佳方式，想要提的问题以及可能出现的最好结果。接着，我打开了浏览器上的一个标签以查看这家公司的网站。

　　在我浏览网页时，弹出了一则突发新闻故事，好奇的我点击了它。我快速在新闻网站上翻阅，想要看看有没有总统竞选的最新消息。顶部没有弹出相关文章，另一个标题吸引了我的眼球："难以置信，金·卡戴珊现在竟然穿这个。"我忍不住去点击，我非常讨厌这样的自己。

　　快速浏览了一下（并没有给我留下深刻印象！），我注意到她照片下面的另一个标题："猫妈妈带着幼崽见了一位不寻常的老朋友。"不到几秒，我就发现自己在看这个大狗与猫咪幼崽嬉戏的暖心视频。

　　糟糕！我还要为今天晚些时候的会议做准备。几分钟后，我的脑子里还是没有什么好想法，就在这时，我记起几个月前为类似客户做过的一次展示。我打开它看了一下。

　　在查看那份演示文稿时，一个想法跳进了我的脑海：娜塔莉是不是回复我了？我打开邮件快速查看了一下，发现七条新信息。我考虑着，既然我在看邮件，不如现在就读了它们。我回复了所有需要回复的信息。

　　终于，我关闭了电子邮件，又一次专注于即将召开的会议。我茫然地看着先前看的PPT，依然卡在当时的进度。当我看表时，我发现已经11:45了，于是我来到厨房热了一碗汤作为我的午饭。我将电脑搬离了桌子，这样我就可以在吃饭时进行一些与会议相关的头脑风暴。我记下了一些想法、一些疑问和一个想要提出的问题。

　　在我喝汤时，我想起我的新客户安东尼最近升职了，我还没有恭喜他。我又打开邮件，记了一个便条。就在这时，我看到了一条拉维刚刚发来的信息，他的账单有问题。混账。他是我们的重要客户，我思索着，最好现在处理一下。我给我的助理发了一条信息。我还看到了一封来自切切的邮件，她有一些关于近期提案的问题。好吧，如果我们想要在这个月达成交易，我也需要立刻处理它。

不知不觉就到了下午的会议时间。我回到办公室接电话，会议时长约一个小时。会议进展尚可，但是显然，想要依照我们的方向达成一致将会很艰难。我足够聪明，因此不会用不确定的成功来欺骗自己。而且，我不禁考虑我在这个潜在客户身上已经投入的时间。我会暂时怀疑，我是不是可以在准备会议时做些不一样的事。当我全无新主意时，我决定看看邮件。

随后，我赶忙看了一眼待办事项表。哎呀，我今天要与几个潜在客户联系，这件事不能再推了。我匆忙写了几封邮件，又打了几个随访电话。谢天谢地，没人接电话，所以我留了讯息。

当我再一次看表时，已经4：30了。我需要与朋友聊聊我们一起办的生日派对的事，我还想看看妈妈的情况，因为她最近身体出了些问题。

不知不觉，我的"官方"工作时间就结束了，但是我还没完成工作。当天一早就开始的那个客户的项目几乎丝毫没有进展。我不知道如何完成这项工作，我是认真的。显然，在今夜晚些时候，我必须继续钻研，以求取得一些进展。实际上，我没有选择。别人付钱让我完成这项工作，我不想让他们失望。

现在，我感觉自己比一天开始时落后很多。在烹饪好我最喜欢（能很快做好）的快炒鸡肉，与丈夫享用完晚餐后，我驱车前往杂货店。在等红灯时，我查看了邮件。我快速在商店中囤积着生活必需品。随后，在我耐心地排队等候结账时，我又看了一眼邮件。

　　整个晚间，我看一会儿电视，忙一会儿项目，其间会再查看几次电子邮件。我试图整理出一份初步研讨会大纲，但仍需将其细化。我又玩儿了几局"猜词游戏"，跳到"脸书"上看看发生了什么，稍微浏览一下"推特"，看看有什么值得关注的新鲜事，然后我又去看了看"领英"。

　　随后，我爬上楼准备睡觉。在我停工入睡前，我最后一次查看了电子邮件。不要问我原因，我绝对不会在那个时候回复任何人。或许，我只是想在这一天结束的时候，再删除一封待明天处理的邮件。

　　我感觉自己就像跑步机上无法停下的老鼠。但是过去几年，我都是这样工作的。

　　如果你的日子与我过去的生活类似，我并不感到惊讶。

　　让我们来进行这个小测试，看看分神是否有损你的生产力。

分神小测试

若你身上出现此情况，请在每句话后面打"X"，诚实作答！

1. 我一直查看是否收到新的电子邮件。

2. 我经常在各项销售活动间转换（电子邮件、调研、电话、客户关系管理更新、提案、社交媒体）。

3. "疯狂忙碌"的状态令人兴奋。我沉迷于此，无法自拔。

4. 即使没人打扰，我也很难专注在一项任务上超过半小时的时间。

5. 一天中有很长时间我都坐在桌子旁盯着屏幕。

6. 30 多分钟轻易就会因有趣的链接而流逝。

7. 为实现目标，我承受巨大压力（自我或管理人员施加）。

8. 我的待办事项列表似乎永无尽头。

9. 当不能查看电子邮件或上网时，我会变得暴躁或感觉无聊。

10. 每当我遭遇困难我就会自行转移注意力，比如上网。

数一数"X"的数量。如果只有一或两个，你可能有一点分神。但如果你选中了很多方框，你就很难在短时间内实现更多。

在我们开始解决这样工作出现的问题前，我们需要了解为什么这样做，什么样的因素（外因和内心）导致了这种疯狂忙碌的状态。

02 "马上行动"并不能让你"马上成交"

每一天都在重复：早起，工作一整天。在晚餐前，不时地查看电子邮件，登录、登出"领英"，直至睡前。

不停工作令人筋疲力尽，但是我又不知道，如果不一直工作，如何将这些事做完。尤其在花费了所有时间也没能达成显著成果的前提下。我丢掉了精力。我的注意力涣散，思考力也变得平庸，在开始新项目和完成现有项目时也出现了困难。

于是，我问自己：一个生产力相当高且富有创意的人，怎么会在这么短的时间内颓废成这样？

令我欣慰的人，并不是只有我一个人如此。近期，一项创新领导力中心的研究指出，携带智能手机的专业人士（比如销售人员）表示，每个工作日与工作打交道的时间高达 13.5 小时，算上周末的话，他们每周共计要工作 72 小时。

这就是我们的生活！我们要比以往工作更长时间，努力达成不断攀升的销售目标。讽刺的是，我们投入的过多时间就是我们最大的问题。斯坦福经济学家约翰·潘凯弗尔（John Pencavel）发现，在每周工作 50 小时后，人们的生产力将会急剧下降，在工作 55 小时后生产力就会跌入谷底。

我们额外投入的时间并不会带来更好的效果。实际上，我们没能完成更多事。我们就像拥有内嵌式工作测量仪，它能指出："我最多工作 55 小时。然后，我的工作效率就会下降，我会开始磨蹭、偷懒。看起来我很忙……但是，我做不了更多事了。"

事实上，即便我们有相反的期望，我们也有很好的理由不做完所有事。当我们意识到身体的工作原理后，我们就不会再为没有做完所有事而蹂躏自己，而是开始寻求解决之道。

因即时满足而不安

当今销售是一种需要思考的职业。想要高效完成销售工作，我们要做客户调研、寻找趋势、分析数据、推断需求、解决各种复杂的问题、达成共识、开发策略并创造新方法。当我们从事这份工作时，脑前额叶外皮掌控着全局。我们脑中这一高度进化、反射的部分是我们深入思考的中心。是它让我们真正善于销售，让我们专注做最重要的事。

上网时，如果我们稍不留神，脑中最为原始的杏仁核部分就会轻易掌控全局。它的作用是不断在环境中检查潜行的猎食者或任何预示着危险的改变。就杏仁核而言，任何出现在视野中的新事物都值得我们分神，至少是暂时分神。

每当我们发现新事物，大脑就会奖励给我们一剂多巴胺，一种令人感觉良好的荷尔蒙。多巴胺浪潮令人非常上瘾，因此我们会不断回头参与带给我们兴奋感的活动。其实，我们是因即时满足而不安。我们想要阅读新的电子邮件或短信息——立刻。我们想要寻求脑海中跳出问题的答案——立刻。我们必须点击"你从未见过的天才开酒瓶工具"链接——立刻，尽管两秒钟前，它还没有进入我们的思绪。我们又被套住了。

周期循环往复，因此，我们花费更多时间在网上追逐增长多巴胺的链接，这会阻止我们完成工作，令我们紧张，限制我们参与其他事物，总之，不会令我们的幸福感增加。在带给我们一丝兴奋后，最终成为令我们消耗殆尽的配方。正如《浅薄：互联网如何毒化了我们的大脑》的作者尼古拉斯·卡尔（Nicholas Carr）在书中写道："网络旨在成为一个干扰系统，一个分神的机械装置。我们自愿放弃注意力和专注度、分配精力并破坏思绪，以换取引人注目的财富或至少是我们接收到的有趣信息。"

你是否很疑惑我们为什么也绑在了设备上？近日，德勤的一份研究显示，人们每日平均会看46次手机。与互联网分析师玛丽·米克尔（Mary Meeker）的研究相比，这根本不算什么。她在报告中指出，人们平均一天会看 23 次手机信息，进行 22 次语音通话，看 18 次时间。我们甚至都不觉得自己做了这些。上一分钟我们还在做着什么，而下一分钟我们就会毫无原因地去看手机。有时，我们甚至都不知道它是怎么跑到我们手里去的。就我个人而言，我觉得我们这些销售人员要比大多数专业人士看手机的次数更多，因为我们希望收到来自最佳潜在客户或现有客户的信息。

我们因何被套住

更为糟糕的是，对于懂行的市场营销人员和应用程序设计者来说，我们是能够轻易捕获的猎物，他们精通各种掌控注意力的方法，让我们按照他们的指示行动。他们研究我们会勾选和点击的事物，然后将难以抵挡的诱惑源源不断地输送给我们。

尼尔·埃亚勒（Nir Eyal）在《成瘾：如何开发能培养用户习惯的产品》一书中描述了公司入侵大脑及让它遵照指示行事的方式。开始时都会有个触发器，有个促使我们在短暂或毫无思考的情况下采取行动的暗示，像是通知、推文或"点击以阅读"的链接。公司希望我们对这一触发器采取行动。应用程序越容易打开，比如，点击播放按钮或是继续滚动，我们就越容易屈服。

一旦我们采取行动，就会获得奖励。一个必然的奖励就是多巴胺。也可能是赞誉、认可、打猎的兴奋，又或是征服一个游戏或体系。最佳奖励是个变量，意思是你不会每次都能获得奖品。本质上，这是让我们持续参与的动力。最终，我们会期待投资，放弃一些有价值的东西（电子邮件、时间、建议），以期待日后的价值。

这些设计精良的事物很容易让我们分神。当我们感到无聊、疲倦、泄气或是面临严峻挑战时，很容易被引诱。除非我们时刻警惕，不然这些入侵大脑的循环会一直控制我们，影响我们的工作质量。

销售生产力中人的因素

一旦被套住，我们就不能清晰思考，而且，我们甚至都注意不到这一点。相反，我们每天将大部分时间花在频繁却多余的决策上。每一个链接和电子邮件信息都要我们停下来浏览，评估它们是否值得关注。

好消息是，随着时间的流逝，我们越来越善于处理这类问题，但是并不意味着这会为我们带来好处。我们都在过度使用大脑，即使那些速度显著提升的数码人士也是如此。当我们被套住时，我们会很难做决定。我们会对学习新信息或技能感到困难。我们会减少销售方法的开发，不断重复那些给我们带来同样结果的老式策略。更糟的是，一直以来，我们都感觉非常疲惫，这种感觉会阻碍我们跳出这个消极循环。

《被迫分神》的合著作者内德·哈洛韦尔（Ned Hallowell）博士造出了一个词组来描述我们遇到的情况：注意力缺失性状（ADT）。大多数人即使并不需要也会感觉仓促、易分神、慌忙。他们不断在各个任务、屏幕与想法间转换，即使努力后也很难集中精力。他们会因没有做完所有事而感到罪恶，但他们把这归咎于自己的缺陷。

虽然不是每一个销售员都在这些问题中挣扎，但大多数人都是如此。ADT 性状也在不知不觉中暗中发作。它一步一步悄悄地接近你，直到有一天，你会感觉自己总是疯狂忙碌，永远追不上这种速度。哈洛韦尔表示："我见证过注意力的蒸发，就像它被煮干了，就在人们英勇地努力记录更多数据时，即使最为灵巧的人类大脑也不能处理这么多数据。"

我知道他真正的含义。每一天我都有这样的感觉。我竭尽所能在游戏中处于前列，却发现这越来越困难。

终结时间管理

传统的时间管理策略在当今这个为分神而建的数字世界根本行不通。多数策略都会要求你减少上网时间，而这对于销售人员来讲是不可能的。电子邮件占据了我们的工作时间，因为我们要阅读现有或潜在客户的信息，并给他们撰写和发送信息。这种状态永不停歇，一天的每时每刻都是如此。此外，我们也需要在晚上做调研和学习。这是我们工作的一部分。

然而，当我们处于一个快速给予我们看似重要（但或许毫无关联）信息的环境中时，我们在这里待的时间越长，大脑就越无法进行创造性和策略性思考，而这种思考对当今销售来讲非常重要。

我们不能成为愚蠢的内容消费者，让这些内容占据我们从早到晚的时间，扰乱我们的最佳思维。为了重新掌控时间和思想，我们需要阻止有分神倾向的杏仁核掌控全场。只有这样，我们才可以树立那种真正允许我们在较短时间内销售更多的工作方法。

03 学会完成挑战，而非抵制诱惑

停止这种疯狂忙碌愚蠢行为的第一步，就是要认清你的工作方式并非是为了满足自己的最佳利益。

改变并不容易。极度自律的人能够在决定改变后虔诚地坚持，而我不是那种人。我的意志力不能坚持很久，有时甚至连一整天都不到。我告诉我自己，"不要上网"或"不，你不能查看电子邮件"只会令我感到沮丧。我只能考虑这些事。在我意识到这一点之前，即使我知道老方法不适合我，我仍然继续使用着。

在过去几年中，我的日常恶习令我支离破碎。显然，我需要更好的新习惯。当我想要开始彻底改变我的个人生产力时，我并不确定到底是什么习惯影响了我；后来我才了解。我最初的关注点在于，我如何在过去一直抗拒改变的世界中进行改变。

在研究习惯养成时，很讽刺的一点是，我发现我极不专心的大脑也有强硬的一面，讨厌做出一丁点改变。大脑基底核的工作

是持续搜寻重复行为模式，使其成为习惯。一旦基底核创造出全新习惯，它们便继续搜索，从而让我们的大脑有空来思考更重要的事。《习惯的力量》的作者查尔斯·杜希格（Charles Duhigg）称，我们每一天所做的事中，40%—50% 的"感觉"像是决定，但其实是一种习惯。我们觉得自己在思考，但实际上，我们只是在做我们一直在做的事。

改变恼火的习惯

在我们尝试改变时，为了使事情变得复杂，基底核会做出反抗。它们不愿意被迫将精力集中在一个已经系统化的进程上。它们会提醒我们偏离了轨道，并警告我们可能会失败。它们希望我们回归一直运作的"正轨"。而当我们停止关注后，大脑就会重新进入默认设置。这也是将新行为带入生活具有挑战性的原因。

换种做事方式很艰难；我们要与自身偏好抗争。当我们试着改变时，情况会更加糟糕，比如减掉 15 磅的决心，又或是现在想要停止疯狂忙碌状态的想法。

我不是唯一一个与这种情况抗争的人。斯克兰顿大学心理学家约翰·诺克罗斯（John Norcross）表示，只有 8% 的人实现了他们的新年目标。他的研究表明，达成目标的人都制订了行动计划。

他们花时间创建体系，此外，他们也会避免引诱自己回归旧方法的情况出现。换句话讲，他们要确保自己的长期计划不被短期欲望打败。

作为未能实现目标的 92% 失败者中的一员，我必须承认，我通常不会制订行动计划。多数情况下，我寄希望于自己的意志力，然而我发现这根本行不通。我发现坚持任务很难，每次上网时，我总会被各种事物干扰。换句话说，显然从一开始，我就注定失败。我并不想这样的事情发生。

据《智慧改变》的作者心理学家阿特·马克曼（Art Markman）所说，我遇到麻烦的另一个主要原因是，我的关注点主要在"停止"行为上。我想要停止在电子邮件上花费太多时间。我想要停止过于分神的感觉。我想要停止不堪重负的状态。停止，停止，停止。我只能想到这些。但事实上，我们的大脑需要可以完成的正面动作，而非更多抵抗的诱惑。

一步一个脚印

行为专家会告诉你，当你想要改变时，首先需要有一个目标，一个能够衡量的具体目标。对我来说，从一开始我的目标就很明确：我想要在较短时间内达成更多销售额。起初，我并没有细化这一目标。我决定在初期设定更容易实现的目标。

《成功：我们如何实现目标》一书的作者海蒂·格兰特·霍尔沃森（Heidi Grant Halvorson）说道，在着手行动前，你需要问自己一个很重要的问题，即"为什么这对我来讲很重要？"困难总会出现，清晰的原因使我们在面临困难时仍能继续前行。就我个人而言，我想要花更多时间与生命中重要的人在一起，享受更多乐趣，或是从事一些能够改变世界的活动。也许支撑我们的"原因"可能完全不同，比如，你的目标可能是晋升、提高生活水平或是有更多时间陪伴孩子。

然而，一个好的"原因"并不足以驱使你不断改变，尤其是当你试图在极短时间内做出许多改变且缺少计划时。这让我感到挣扎。一次巧合下我读到了斯坦福大学行为研究者 B.J. 福格（B.J.Fogg）的作品。他说道，许多人甚至都不尝试换一种方法做事，而是寄希望于毕其功于一役。这也是福格建议使用"小习惯"的原因，即仅采用很小但可能的措施，一点点朝着正确的方向前进。这些改变在你的生命中慢慢滋长，不知不觉中你就已经改变了。

他是对的。从小目标开始，采取正面行动，有助于一步步实现你的总体目标。每个小成功增加了你改变习惯的力量，使你能够在前行路上应对更大的改变。

对于我来说，我需要先解决分神问题。分神几乎要了我的命。我的新目标是，每天多利用一小时。如果能够做到，我就有了喘息的空间。我的计划如下：

1. 让自己沉浸于阻止分神的策略和工具中。我想要了解适用于他人的方法。

2. 试验各种方法。我并不是一个严格自律的人。保持开放心态，发觉全新方法让我更容易成功，也能在过程中享受到快乐。

3. 慢慢寻找最适合我的方法，不用太急。每次改变一点，这样我就不会感觉不堪重负。

4. 解决路上的磕磕碰碰。我知道我会搞砸，也为此做了准备。我已经准备好解决失败，因为我拒绝接受我是个不能采用新习惯的人。

这并不是一个复杂的计划，却是一个可行的计划。经过六个月一步步的提升，我不再感觉筋疲力尽。我能完成更多工作，且质量更佳。但我仍然需要工作过长时间。

提升等级

是时候进行下一步了。我想要设定一个在很长时间内能带给我挑战的新目标，但又不能吓到我。我选择了一个令我喘不过气的目标，并尝试思考我到底是怎么想的。试验的目的是让我换一种角度看待我的工作。于是，我想到了这个：

我今年的目标是，在保持收入的同时每周只工作 36 小时。

一周只工作 36 小时？我是疯了吗？不，我感觉受到鼓舞。我有足够的收入，但是时间不够。自我制订该目标起，我就感觉自己内心发生了一些变化。我能够感觉到我的想法开始转变。比如，好吧，我猜想我不会再一直查看动态信息了。

此外，对于何时工作，我也不再吹毛求疵。在当今世界，这个问题并不总是那么重要。会议、电话和研讨会需要在常规"8：00—17：00"日程中进行，而剩下的工作也没必要非得在这段时间内完成。重要的是，我试着遵循 36 小时。如果我能在更短时间内达成更多交易，我就是赢家。

该你了

成为赢家需要怎么做呢？显然，你希望在较短时间内达成更多交易。但是原因呢？为了实现这一目标，你会怎么做呢？

不需要现在就了解你的具体目标，但是，在钻研后续内容时，你需要考虑一下。我希望你在阅读时标出想要使用的想法和策略，记录想要尝试的方法。要乐于试验。

最为重要的是，不要试图一夜之间改变自己。作为一个优秀的人，你可能会有这种偏好，但是坦白讲，这是失败的开端。相反，想想你能采取的措施。完成一个后，再进行下一个。要与行动计划搭配使用。记住，改变是一个过程，没有奇迹疗法，只能持续改进。

希望现在你已经做好了开始的准备。你即将探索远离疯狂忙碌状态的世界，探索一种全新的工作方式，能让你在较短时间内更为成功地工作。我为你感到兴奋。这是能实现的。

要 点
▲ ▲

接受挑战

·对于大多数销售来说，疯狂忙碌是一种生活方式，通常来讲，也是荣誉勋章。为了在较短的时间内交付更佳的结果，我们都承受着巨大的压力。

·携带智能手机的专业人士表示，每天要工作多达 13.5 小时，一周共计工作 72 小时。

·每周工作超过 55 小时对提高生产力不仅没有正面影响，还会有负面影响。超过这个神奇的数字，更多工作时间就不意味着能做更多事。

·杏仁核（我们脑中的原始构成部分）不断搜寻环境中的新事物，干扰我们保持专注。每发现一个，就会释放多巴胺（一种促使愉悦的荷尔蒙）。

·当我们处于一个信息过载的环境中，我们在这里待的时间越长，大脑就越无法进行创造性和策略性思考，而这对当今销售来讲非常重要。

·拥有注意力缺失性状（ADT）的人，即使在不必要的情况下，也会感觉仓促、易分神、慌忙。他们会因没有做完所有事而感到罪恶，但他们把这归咎于自己的缺陷。

·找到你想要改变的原因是关键的第一步，这使得你在遇到困难时仍有坚持的动力。

·我们的工作方式是我一直以来养成习惯的集合。想要改变，需要循序渐进的计划。

·改变是一个过程，不会一夜发生，也没有奇迹。如果你想要在较短时间内获得更高销售额，你需要改变。

请于 www.jillkonrath.com/ accept-challenge 下载 PDF 版《接受挑战》。

第**2**篇

||||||||||||||||||||||||||||||||||||||||||||||||||||||||||||||||||||||||||||||||||||

未赢得成交的时间，就是被偷走的时间

生活中满是分散注意力的物品，它们召唤并诱惑着我们。我们被新邮件或讯息到来时柔和的声音引诱着。精心打造的标题、创意性图表以及趣味视频进一步诱惑着我们。由于我们活在错失恐惧症（FOMO）中，因此会不停地查看各种社交媒体信息。

作为销售人员，我们无法逃离这些让我们分神的物品。我们必须在线上处理工作。我们必须与潜在客户和顾客保持沟通。我们需要及时了解商务咨询。我们必须要达成定额。

想要在较短时间内销售更多，我们必须要重新掌控：

· 时间：我们不断榨取时间。一天中消失的时间远比我们认为的要多。每天在价值甚微的活动上丧失几个小时的时间，这种情况对于销售人员来讲并不罕见。

· 思维：我们并没有带入最佳思维。持续不断的分神事物阻止我们将精力放在困难的挑战上，使我们无法想出新策略，也无法按照流程开展大型项目。

第一步，我们要找回那些失去的时间。愚蠢的人才会从别的地方开始。

目标：每天拯救一至两个小时。不再感觉疲倦。

　　附：请注意，我在该部分中囊括了一些拯救丢掉时间的应用程序。然而，详细列出的应用可能无法取用，如果确实如此，那么我敢肯定会有更好的应用可以取代它们。

04 用霍桑效应和自己竞赛

在开始每一个改变倡议时，我们都要彻底了解其出发点。我们需要准确了解自己当今所处的位置，不论好的、坏的或是会感到厌恶的。

在记录了一天的活动后，我被吓到了。但我也意识到，我有的只是一张即时快照。我需要更多资料。遵循生产力专家的建议，我决定填一份详细的时间记录日志，以15分钟增量记录做过的事。专家建议我们先记录一个月，然后再分析我们花费时间的方式。这能帮我们发现问题的所在，专注于想要改变的地方。

这看起来非常容易。我在网上找了一份模板，打印了多份准备开始。第二天一早，当我来到厨房时，一份干净的日志摆在了我的眼前。我尽职地记录着准备工作的程序。当我来到办公室准备开始一天的工作后没多久，我就发现这远比看上去难。简单的分类十分容易。然而，由于活动不停转换，即使以15分钟为周期，我也不能清晰记录自己在这段时间做了什么。

记录时间对某些人或许游刃有余。在这方面，我却是个失败者。记录日志就像我脖子上的锁链。几天后我就放弃了，我觉得这项活动不适合销售人员。我们的工作太过多变，因此一份为期一个月的日志并非高效工具。

借口，都是借口。在内心深处，我觉得我现在正试图破坏这个项目。我在与真相斗争，即我是我自己最糟糕的敌人。

拯救你的应用程序

就在我要放弃的时候，我无意中发现了一个用以提高生产力的应用：RescueTime[①]。它能记录你的数字生活，因此你不必记录每时每刻的行为。在一天结束时，该程序能够计算出你在各种应用程序（如 Word、E-mail、Excel、PowerPoint）和网站上花费的时间。

对于那些向我求助的人来说，RescueTime 就像是问题的答案：我可以借用科技丢掉每日日志。我决定购买高级版（花费甚微），因为可以记录电脑外的其他时间。这样，我就可以知道我在电话、会议、交通等其他方面投入的时间。此外，我可以制订具体计划，

---

① RescueTime，一款时间记录软件。

比如缩短在各种应用或是特定网站上花费的时间。每天我都能得到一份进度报告。

使用 RescueTime 的第一周，我依照平日的方法工作，这样我就能得到一幅真实的个人底线图，结果不容乐观。就像我在第一章中描述的那样，我整天都耗在电脑上，一直在浪费时间。毫无疑问，我感到沉闷且心烦意乱。这是我不愿看到的真相。但是现在，它就在我的面前，异常显眼。

电子邮件每天要消耗我三个多小时，大多数情况下，我是三分钟干点这个，三分钟干点那个。这让我浪费了大量的时间，更为糟糕的是，我总是感觉自己跟不上进度。

这份数据很有趣，并且毫无疑问，很吸引人。通过这份数据，我知道了自己该从何着手。

自我观察

有一种奇怪的现象叫"霍桑效应"，会在人们开始追踪各种行为时发生。在进行生产力试验时，哈佛研究人员发现，我们通常会因我们对一件事的讲究和关注，而自主改善我们的表现。

第一周后，我看到了直观效果。因为知道后台运行着默默观察我的 RescueTime，我就更能辨别如何花费时间。

　　每一天结束时，我都会查看我的状态以了解时间的花费方式。这能为我提供有效信息，从而激励我继续前行。我开始设定目标，缩短各种线上活动花费的时间。最后，我开始一点点与自己竞争。

　　在接下来的八周里，在"领英"称呼我为"销售影响者"前，情况都在一点点得到改善。"领英"为吸引更多人使用他们的全新智能手机应用，开始建议销售人员"关注"我。在被称为影响者的头 37 天（其实也没人数过），我的关注者人数从 19907 跃升至 52997。

　　起初，不断增长的数字困扰着我。我每个小时都会记录这些数字，有时甚至每几秒就会刷新屏幕，看看数字是不是有变化。我会查看"竞争者"的主页，看看他们的数字是不是增长得像我的一样快。我不断更新"领英"中的个人简历，并花费时间回复大家的评论。

　　我绝对疯了。我的 RescueTime 计划失败了。每次查看"领英"都会让我点击新链接，我的行为甚至比开始时还要糟。我努力让自己停止这种不断查看手机的狂热状态。当我下载了一款与 RescueTime 类似，能够追踪手机使用状态的软件的 Moment[①] 后，这种狂热状态终于停止了。最终，我放弃了这种不断查看手机的

---

　　① Moment，一款追踪手机和平板电脑使用时间的应用。

行为，但是过了一段时间我才重拾理智。

一通唤醒电话帮我了解到我的底线是什么。一旦你了解自己真实的时间花费情况，你就不能忽视它。如果没有 RescueTime 和 Moment，我可能还会继续欺骗自己。"这是我的工作；销售就是疯狂忙碌。我不能以其他方式工作。"这种话说起来很容易。

但是数据会改变一切。传奇管理顾问彼得·杜拉克（Peter Drucker）说过："有测量才会有提升。"这句话说得很对。有了这两款应用，我现在能够设定目标，追踪进度，从而开始培养一种更佳的工作方式。显然，在查看了我的报告后，我了解到电子邮件是干扰我的罪魁祸首，每一天都会过度占据我的时间。一定有更好的处理方法。

底线试验

在电脑上下载 RescueTime 或类似的时间记录应用。安装后，你只需按平时的状态观察一天。第二天早上，看一下你的状态。问问自己："我能够从这份即时快照中了解什么？什么样的改变能让我效率更高？"

将试验时间延长一周，随后延长至一个月。分析数据以识别趋势和个人缺陷。设定改进目标，如缩短花费在电子邮件或"脸书"上的时间。然后，让这些应用记录你的进度。

05 拒绝"被打断"能赢得10倍的时间

　　我喜欢电子邮件，它是我的命脉，是我与商务世界联系的渠道。是我接触潜在客户、联系客户，不断了解行业最新资讯的主要工具。与其他数字平台不同，我需要选择收件箱中的信件。然而同时，我又讨厌电子邮件。它永不停歇，诱惑力十足，它是时间吞噬者。如果一会儿没有查看，我就感到焦躁不安，感觉自己错过了什么重要的事情。

　　你可能会有同样的感觉。电子邮件消耗了我们很大一部分工作时间。我们不断查看，希望能得到这个月我们想要接近的热门潜在客户的回应。我们会尽心撰写每一条发出的信息。虽然收件箱中的多数电子邮件对我们的工作都非常重要，但也有一大部分邮件浪费了我们的精力。事实上，加利福尼亚大学欧文分校和美国陆军的一项联合研究表明，访问电子邮箱的人每小时切换窗口的次数多达37次，而未访问邮箱的人仅切换18次。只要打开邮件程序，它就会引诱我们不断查看。每次查看时我们点击另一个链接的概率都会增加。

打断工作

有多少次收件箱一出现新消息，你就会立即查看？社会学家朱迪·瓦克曼（Judy Wajcman）在一篇名为《保持联系》的文章中写道，70%的邮件在进入收件箱不到六秒的时间内就会被注意到。也就是说，我们会停下手中所有事去查看邮箱。大多数时间，我们并不是在期待电子邮件，但这却让它更令人上瘾。还记得习惯是如何养成的吗？当奖励随机送达，我们的渴望也愈发强烈。

我们就像彼得·米尔纳（Peter Milner）和詹姆斯·奥兹（James Olds）经典实验中的老鼠。每当老鼠们推动笼子中的某个拉杆，就会有一小股电流输送到它们的脑中，刺激它们的大脑释放多巴胺（逐渐被称为"快乐中枢"）。老鼠们因此不断推动拉杆，那些老鼠太喜欢这种感觉，以至于除了推动拉杆满足嗜好外，什么都不想做。它们不吃不睡，只是不断推着拉杆以获得多巴胺，最终因饥饿和疲劳而死亡。

尽管我们不愿承认，但提及多巴胺注入追求，我们的大脑与那些老鼠非常相似。不仅电子邮件点亮了我们的快乐中枢，回复或删除邮件、完成一个提案或是找到一位新的潜在客户都会让我们获得成就感。每当我们划掉待办列表上的一项工作，就会得到更多多巴胺奖励。希望也会刺激多巴胺。这就是我们不断推动拉杆去查看电子邮件的原因。但多巴胺也一视同仁。它无法区分工作相关的电子邮件和那些危险的分神邮件。这也是我们突然发现自己在看"脸书"等网页的原因。我们浪费了更多宝贵的时间。

《过载！》的作者信息过载专家乔纳森·斯派拉（Jonathan Spira）表示，他的研究表明，人们一旦被打断，重启工作往往会需要 10 至 20 倍的时间。让我们来推断一下，看看这对你来说意味着什么。

假设每 10 分钟查看一次邮件，一小时查看 6 次。现在，假设你每次查看花费 30 秒，那么最少的恢复时间即为 300 秒。也就是说，你需要接下来的 5 分钟来重新专注于手头的任务。即使每小时只查看 3 次，你也会损失 15 分钟，即高效生产时间的 25%，相当于工作日的两个小时蒸发得无影无踪。

当我注意到这一点后，改变显得迫在眉睫。一方面，就像我之前说的，我担心自己错过重要的事务，我也想要回应全新的及现有的客户，这样人们就会了解我想要与他们合作。但是，是时候由我（我的更高级别思考自我）而非我的多巴胺来掌控我的生活了。

为了迫使自己改变，我做了个小试验，看看到底一周内有多少封需要立即回复的邮件。答案是——一封都没有。收件箱里满是客户对话、信息索取、时事通讯、"领英"更新、个人事务等等。但是，我发现没有一封邮件重要到我两小时内不回复就会让我丧失客户的地步。

显然，我必须停止欺骗自己。我浪费了主要的工作时间，陷入了多巴胺循环中。每当一剂多巴胺流经我的系统都会有不错的感觉，但是这种完全与感觉捆绑在一起的循环不断打击着我。是时候采取行动了。

紧迫性试验

我们总是查看电子邮件的最大原因是，我们担心自己错过重要信息。在接下来的一周，我分别记录了 10 分钟内、30 分钟内和一小时内绝对需要回复的邮件数量。想要看看在不影响业务的情况下，是否可以延长查看邮件的间隔时间。

06 按你的节奏工作，否则你将被工作掌控

当我意识到自己能更为灵活地掌握查看电子邮件的频率，我需要想想办法，让自己摆脱这种迷恋。我先从处理"诱因"开始，即到底是什么促使我下意识地采取行动。

对我而言，诱因是每次收到新消息时出现的带着数字的小红圈。对你来说可能是提醒你的弹窗、横幅标志、提示音或是音乐。每次看到新消息到来，我都要遏制查看的冲动。为重获控制权，我决定关闭电脑上的电子邮件提醒。这确实有点帮助，但是作为一个畏畏缩缩的人（尤其是当试图清除一些我不想放弃的事务时），我发现自己在一天中会偷看手机几次。如果我想要更有效率，这也需要放弃。因此，我也关闭了手机上的邮件提醒。

但是，即使这些措施也不足以打破我的电子邮件习惯。每次查看收件箱，当我点击信息中的链接时，就会陷入另一个兔子洞。我决定让自己更难登入电子邮件。作为尝试，我决定设定一些固

定界限。

· 只在固定时间查看邮件。没有这些固定时间点，我的杏仁核就会在脑中失去控制，并尖叫着"查看电子邮件。查看电子邮件"。我不能集中精神。因此，我决定在早上做个快速分类，确保不错过任何紧急事项。此外，我决定在上午 10 点、中午、下午 3 点，当然还有晚间，查看电子邮件。

· 每次查看完新消息，我就会关闭电脑上的电子邮件程序。

· 在电话和平板电脑上采取更为激烈的措施。我将电子邮件图标从主页首要资产中移动到次屏上的文件夹中。我希望能通过减少应用程序的出现频率，使访问变得更困难，从而减少"分神事物"对我的诱惑。

很快，我就发现了另一个需要解决的问题。每天都会有几十封不重要的电子邮件挤进我的收件箱，吵着让我阅读并回复。这对我来说是个持续的压力来源。我感觉自己永远都赶不上。

幸运的是，我发现了 SaneBox^①，它可以在任何时间任何地点帮你更好地处理邮件。你可以培养其从紧急邮件中筛选出不重要的邮件。如今，我所有的时事资讯和更新都会放在"SaneLater"

---

① SaneBox，一款垃圾邮件过滤软件。

文件夹中，这样它们就不会打断我的工作。真是解脱啊！我感觉自己又能喘息了，我也不总是落后嘛。

你们中的一些人可能会在电子邮件系统中设置某些规则来做到这一点。我的朋友翠西·贝尔图齐（Trish Bertuzzi）就有这样一条规则，即如果未订阅过该邮件，则直接将其放进垃圾文件夹。

对我来讲有一点越来越清晰，即许多电子邮件来自我下载过的电子书的作者或是参加过的网络研讨会的人的公司，可能甚至是几年前参加过的，但是我没有每天与这些人联系的理由。其他邮件可能来自购物过的地方、生活方式网站、新闻推送、慈善机构、所属团体等等。原来我有这么多不必处理的邮件。

这时轮到 Unroll.me①来拯救我了。它做了两件我喜欢的事:（1）每天发送一份我仍然想要阅读的新闻资讯文摘，且（2）取消订阅我不想看到的那些内容。每天早上，当文摘送达后，顶部就会显示一条消息:"您的收件箱中有 X 条新订阅内容。何不将它们卷起来或取消订阅？"

当我点击该消息，每条新闻资讯都会出现三种选择。我可以把消息收起、取消订阅，或将其留在收件箱。有些决定无需思考。但有些则需要。我不断询问，我在这则新闻咨询中发现价值了吗？我喜欢阅读它吗？

———————

① Unroll.me，一项线上批量退订订阅邮件的服务。

自我开始使用 Unroll.me 起，我取消订阅了 1037 条邮件新闻资讯。想到自己曾浪费了大量宝贵的时间来阅读根本不关心或不想要的内容，我感到不寒而栗。

而且，这也不仅是时间的问题。每一封邮件都需要你做出一连串决定：是应该保存还是删除？如何回应？需要立即回复，还是可以等一下？还需牵扯到其他人吗？

节约时间的关键是减少每天需要做决定的次数，即使是像删除一条消息这样的小小决定。你每天的精力是有限的，不要将它浪费在一些琐事上。

作为一名销售，你需要清晰、创意和策略性思考。如果你一天之内不停地登入、登出邮箱，你就需要不断转换任务。很快你就会发现，情况会变得更为糟糕。

戒瘾试验

不能让收件箱掌控我们的生活。我们需要依照自己的计划查看电子邮件。在一天开始前，明确何时查看消息。留出足够多的电子邮件查看空当，这样在查看间隙就不会感到不安。然后，关闭主要设备的通知。严格遵照计划，在没到规定时间时，不查看电子邮件。

　　在试验结束时，评估一下这对你工作的影响：你是否完成了更多工作？是否能更好地思考？如果进展顺利，不妨再试一天，然后是一整周。如果进展不太顺利，不妨分析一下原因，我们能从失败中学到许多。

07 拒绝多重任务处理

我不知道谁能容忍自己变愚蠢。我肯定不能。然而，美国内华达大学副教授格伦·威尔逊（Glenn Wilson）的研究表明，只是想想多任务处理就能引发精神停滞。当一个人处于一个需同步处理多重任务的环境中，女人的智商会下降五个点，而男人的智商会下降十五个点。

然而，我们却一直这样做。中断科学家格洛里亚·马克（Gloria Mark）的一份研究表明，在被打断或转换工作前，人们平均在单一任务上花费的时间只有三分五秒。当我们在设备（电脑、手机、平板电脑）上工作时，我们专注的时间只有两分十一秒。

使情况更糟的是，很多情况下，中断的情况都是我们自己制造的，在我们进行困难的工作时尤其如此。想想你上次要打一通困难的电话，因为不知从何说起，反而让你想再查看"脸书"来走会儿神儿。这种现象称为"懒惰反感"。我们宁愿做点什么，也不想无所事事（比如思考，令人感到"空虚"）。

因此，我们需要制造障碍，防止网站和游戏使用习惯养成诱饵来诱惑我们，而不是一味依赖我们的意志力，因为一旦诱惑袭来，我们无能为力。其工作原理如下：

带走诱因

首先，也是最重要的，你要远离所有外部刺激，哪怕只远离几秒钟。我关闭了电话、电脑和平板电脑上的每一个提醒。没有声音、弹窗、振动，什么都没有。

效果显著！然而，很少有人这么做。无论何时，只要其他任何人需要关注，他们的生活就一直都被别人干扰。

一些人可能无法理解这个做法。仅仅想到不能立刻收到新消息提醒，都会令他们感到心慌。然而，我的目标不是让你完全关闭这些应用，而是让你根据自己的日程进行查看。

另一种减少诱惑的方式就是，当一个应用程序上的工作已完成，就立即将其关闭，像是 Word、Excel、PowerPoint 以及网页浏览器或电子邮件程序。看不见绝对有助于将这些潜在的阻碍者赶出脑海。

对于像我一样的自我分神惯犯，这样做仍然不够。因此，当我真正想要专心的时候，我开始在电脑上使用 Backdrop[①]。该程序将我的屏幕变为空白，彻底清除了我混乱的桌面。只能看到我当前正在使用的应用程序。当我使用 Word 时，我选择"视野"标签下方的"专注"选项，这样我就只能看到正在处理的文档，因此就能够真正专注（我写这本书时两个应用程序都用到了）。

使行动变难

我在试验中发现，当我卡壳（当想法或答案没有立刻出现在脑海中）或困倦（当没有紧迫的任务）时，我更容易进行自我干扰。比如，我经常会查看电子邮件，点击另一个应用程序或是上网。稍不注意，30 分钟就过去了。

为防止自己这样做，我开始同时在电脑和手机上使用 Freedom[②]。在我指定的时间范围内，该应用会限制所有消耗线上时间的程序（"领英"、"推特"、电子邮件）。想要打开这些应用，我必须重启设备，这非常痛苦，因此，我迫使自己专注于现在需要完成的工作。即使现在，在使用 Freedom 进行第一次试验数月后，我仍然总是使用它。

---

① Backdrop，一款桌面幕布软件。
② Freedom，一款定时断网设置器。

最后，我想方设法让自己远离手机。当我想要在专注时不被打扰，我会将电话放到另一个房间，这样在使用时，我就需要花费额外力气起身将其取回。如果你在办公室，不如将它放在办公桌的深处。

管理奖励

网络上总是有很多东西分散你的注意力。我能够在网络中发现他人的新消息、超赞的文章、视频和访谈。我想要追踪世界局势，什么都不想错过。

我热爱学习，而我同样热爱分神。我们需要区分有用的教育内容与愚蠢的内容。我使用Feedly①聚集想要了解的博客和出版物。这样做不仅可以减少收到的电子邮件数量，同时也能让我迅速删除不感兴趣的文章，甚至可以通过社交媒体分享好文章。另一个程序Pocket②让我可以储存所有偶然看到的文章，无论是否在线都可以稍后阅读。只要等一下，不要干扰我的基本工作时间。

有时，我会特意为一些让我分神的事安排时间，因为我知道，这样可以防止我心血来潮地访问它们。在一段紧张的专注过后，

① Feedly，一款第三方RSS阅读器。
② Pocket，一款离线阅读服务软件。

休息 15 分钟，比如看看"脸书"。关键是要让这些分神活动成为奖励而非默许，这样它就不会干扰你的工作。

对我们来讲，不浪费我们的精力非常重要。我们需要发挥所有智慧更好地工作。分散精力会扼杀我们的生产力。你可能还未意识到这一点，知晓是第一步。付诸行动是下一步。

去通知化试验

设想一下，倘若没有任何通知干扰你，生活将如何。首先清除一个应用上的提醒。如果你觉得结果还不错，不如将试验拓展到更多应用上。你可以通过排除干扰来看减少分神如何影响你的生产力、压力水平和思考质量。如果你喜欢这种结果，可以继续保持。

拒绝访问试验

首先，在一台设备上下载试用版"Freedom"应用程序（或相似阻止程序）。设定工作周期，在此期间 15 分钟内不得上网。然后将时间延长至 30 或 60 分钟，这样你就可以在不被打扰的情况下完成更多工作。一旦你熟悉这种全新的工作方式，即可添加额外设备。

08 想提升效率，不如关闭提示音

在尝试了几个月之后，我发现我仍然不能找到一个完美的解决办法。当下我便做出决定，想要看看自己是否可以连续七天消除生活中所有的分神事物。

我想要看看这能令我发生怎样的改变。我会有不同的感受吗？我能完成更多工作吗？我的思路能更为清晰吗？此外，我也不确定自己有能力完成这项试验。毕竟，我从未如此遵守纪律。

在一周时间内，我坚持专注于当时所做的任务或项目。当我进行电话会议或是与同事交谈时，我会 100% 投入在对话上。即使当我困倦或卡壳时，我也会消灭所有分神事物。坚决避免同时处理多重任务的情况发生。

这绝对是个挑战！但是，就我对人类的了解，当我们遇到挑战，我们会迎难而上。

准备

在冒险尝试前，需要确保我已做好准备。我关闭了所有设备上的提醒通知。没有提示音、蜂鸣声、弹窗或振动来干扰我。为确保专注进行任务，我需要充分利用提到过的所有应用程序和策略。无论我在做什么，我都需要专注。

很快我就意识到，如果想要确保专注，我就需要进行这些调整：

·限制电子邮件查看时间。既然我那么容易陷在邮件里面，我需要设定允许查看邮件的最长时间。我决定，每次查看30分钟就够了。在本周内，我设定计时器并严格遵守。这迫使我首先处理紧要信息，在我看来，能带来收益的信息都是紧要信息。剩余邮件，我会在当天晚些时候处理。

·嵌入短期弹性时间。每过几个小时，我都需要10至15分钟的休息时间，读读新闻咨讯、看看视频、看看有趣的文章，否则，我就会感觉缺点什么。

·在工作区域放一个记事本。我完全惊讶于一天中脑海里不断涌现的大量随机分神想法：给克里斯发一封有关项目标题的邮件；找到杰米认为最好的那款软件；确定向玛格达问了那个问题。通常我都会立刻行动，但现在，我需要写下这些想法，以便稍后处理。

我在一周内坚持着这些标准,渴望发现这些标准发挥的作用。

我的发现

尽管用尽所有预防措施,我发现自己仍是忍不住走神。我总有足够合理的理由让我主动停止专注:我"必须"查看邮件,看看签的合同到了没有。我"必须"上网看看小报信息,其实真可以等会儿再看。

为控制自己,我提醒自己这个试验只进行一周。仅仅一周。我能熬过这段时间。幸运的是,分神冲动是暂时的。但不幸的是,这种冲动隔一段时间就会出现,尤其是在我感到厌烦或卡壳的时候。

一周时间内,我发现了"不分神"的状态是怎样的。

· 我意识到自己有魔法力量。我的电话总能从别的房间里突然出现在我的手中。

· 完成艰难的工作变得容易许多。我说的是那种需要策略性思维、创造性、计划性和组织性的工作。我绝对处于更高的精神层面,做得更好。

· 当我沉浸在项目中时,时光飞逝。当"Freedom"提醒我一小时专注时间已经结束，我经常感觉惊讶。而我也并不会因为时间到了而想要停止，我想继续工作。

·我能完成更多工作。我发现自己能提前完成原以为下周才能完成的工作。事实上，有几天我都能提早离开办公室，因为我对自己完成的事务感到满意。这绝对是一种全新的感觉。

·当我与人交谈时，我更投入在对话中，这更为刺激、鲜活，也更为有趣。然而缺点是，我更适应其他人的多任务处理模式。

·我感觉已不像当初那么疯狂与疲惫。理智来讲，我知道当你一直处理多个任务时，你的身体会释放压力荷尔蒙皮质醇。但是现在，在不分神的情况下工作，我能感觉到两种情况的不同，实际上，我感到更为快乐。

我的另一个重大发现是，不分神生活是一个空想概念。我特别希望将自己封闭起来，按照计划工作，但这是不可能的。当助理告诉我，在这一天结束时，她需要一篇第二天一早发送时事通讯的文章，我很快发现，有时我们必须打断自己才能完成工作。我忘记将这一项纳入日程了。我一个潜在客户将一个提案的到期日提前了，因此我必须马上回复。对于我们，尤其是我来讲，孩子、客户和同事有时需要即时关注，不能等。

这是个好试验，绝对值得一试。我喜欢让应用程序替我完成困难的工作。在一天结束时，当我的意志力几乎荡然无存，我发现自己不自觉开始分神。没有像 Freedom 和 Backdrop 这样的工具，我就不能集中精神。

在这周过去后，我继续使用这些工具，但并非一直使用。一部分的我在反抗着，不想被这样规范。但是，在这一切下面，我想念着从"分神"中获得的多巴胺。在我了解这一点前，我又重新开始了老旧行为模式。事情不像原来那么糟，但是诱惑却一直存在，它蓄势待发，甚至在我未注意前就诱惑着我。显然，需要采取额外措施。

一周试验

试着过一整周"不分神"的生活。做好准备，关闭所有提醒和通知。使用 Freedom 或类似应用程序来规范自己。使用 SaneBox 或 Unroll.me 来管理你的收件箱。设定查看电子邮件的时间。加入些奖励。然后去工作。在试验过程中，注意你的感受，并且在不分神生活中注意你学到的内容。

09 要么暂停，要么 WOOP 起来

我经常希望自己能像我的朋友玛丽一样。在大学时，她的学期论文总能提前两周完成。当她与客户工作时也是这样高效。没有什么能够干扰她的进度。她就是这样自律。

而我，总是受到干扰。这也是我如此关注预防的原因。但是显然，我需要一个备用计划来应对那些疏忽。

于是，我发现了一个有神奇魔力的办法，即只需在行动前"按下暂停按钮"。哥伦比亚大学的研究人员发现，如果你推迟几秒后再做决定，你会做出更好的决定。《自控力》的作者凯利·麦格尼格尔（Kelly McGonigal）提出，放慢呼吸速度至每分钟四至六次能达到同样效果。

在"暂停"创造的这几秒钟额外时间里，你可以问问自己，即将做的事是不是最明智的做法。要不要现在点击呢？要不要现在阅读？要不要现在转换任务？几个简单的问题就能帮你重回正轨。

"WOOP"起来

另一个有效的策略是由《重新思考积极心态》的作者加布里尔·奥丁根（Gabriele Oettingen）发明的"WOOP"法。"WOOP"法对大、小分神事物都非常有用。在研究中，奥丁根发现，设定目标并且制订计划很重要，然而却不能保证效果。为获得最佳效果，需要预先确定可能遇到的困难，并在困难出现前决定处理方法。制定规则必不可少，这样"如果 X 发生，我可以做 Y"。

"WOOP"法帮助无数人成功应对目标脱轨障碍，接下来，我将为你介绍这个方法。你可以看到我如何使用该方法解决之前提到的"领英"狂。

1. 希望：首先你需要明确，到底什么是你真正希望发生的事。正如我所说，我正在执行一个在较短时间内销售更多的任务。

2. 成果：接下来，你需要将"动力"清晰化。就我个人而言，我的动力是，花更多时间与生命中重要的人待在一起，享受更多乐趣，并进行一些改变世界的行动。

3. 障碍：随后，你需要确定，在实现目标的道路上，会遇到什么阻碍。比如，我不断查看"领英"的行为延缓了我所有获得的生产力。这是个全新的障碍，我在开始时并没有预测到。

4. 计划：最终，你需要决定如何克服或避开这个障碍。比如，对于我来说，"如果——那么"架构最好用：

如果我有了查看"领英"影响人物状态的冲动，那么我就会放慢呼吸一分钟，让这种冲动过去。通常，这能让我重新专注。

如果这种渴望没有消失，那么我就会立刻起身离开书桌，去溜达一会儿。多休息一会儿能让我重拾意识。

如果我在不应该的时间访问"领英"，那么我就会立刻开启 Freedom 应用一小时，选择性地屏蔽该网站。虽然我并不想受到惩罚，但是总会有些时候我必须这样做。

我让自己渐渐戒掉了恶习，一天只查看"领英"一次。我甚至一天都不查看一次"领英"，甚至对"查看"感到厌倦。

我们奋力实现目标，可能会让我们不可避免地把事情搞砸。最终成功的关键即往坏处想，准备好应对最糟糕的情况。奥丁根的研究表明，只有16%的人能够出于本能这样做。我们需要问自己：可能出现的最早情况是什么，如果发生了，我将如何处理？

这并不是悲观，而是现实。我们需要预估问题并为之做好准备。当最终出现问题时，我们已经准备好采取可能的最佳行动。最为重要的是，你已为痛苦时光做好准备。要么按下暂停按钮，要么"WOOP"起来！

WOOP 试验

查明有损生产力但仍然想要使用的单个数字分神程序。戴上你的"如果－那么"思考帽，确定不同方法以处理这种情况。决定对你来说最有效率的选择。然后"WOOP"一周，在更加了解你对"WOOP"的反应后对策略进行微调。

10 用数字化管理摆脱视觉干扰

无分神挑战让我注意到其他因素，之前我并不认为它们与工作风格相关。电脑、平板电脑和手机上混乱的桌面开始令我烦躁。我没有洁癖，但它们老是将我的注意力从工作上移开。

就在这时，我偶然看到了一篇有关视觉干扰的文章。普林斯顿大学的研究员发现，当人们的视野中出现杂乱无章的物体，人的思绪就会受到负面影响。另一份发表在学术期刊《行为与信息技术》上的研究表明，混乱的数字环境会带来同样的效果。也就是说，每一个看得见的文件夹、应用图标、开启标签或是书签都会引诱你分神。

我决定是时候整理一下我的生活物品了，就从手机开始。多年来，我的手机里安装了大量各类用途的应用程序。庞大的数字经常令我不知所措。

我逐一检查着每一个应用程序并询问：这能增添价值吗？我

喜欢用它吗？值得保留它吗？我轻而易举地删除了几十个。有一些我很久没有用过，可能从来都没用过，剩余的一些几乎都是我最爱应用的复制版，因此完全不需要。减少应用数量的感觉真是太棒了，不然我需要滚动很久才能找到想要的应用。

在这之后，我专注于为应用分组。我创建了商务、社交媒体、阅读、旅行、生活方式和设施文件夹，并将各种应用拖拽进所属群组。没有放进文件夹的那些应用是我一直在用的应用，像是记事本、通讯录、闹钟、谷歌、"领英"等。我希望自己轻轻一点就能启动这些应用。

此外，我清理了手机主页上的图标。我在之前提过，我移除了下方停靠栏中的电子邮件应用，并将其放在副屏上的文件夹中。现在，主页上仅存的应用还有日历、电话和消息。

最后，我整理了应用程序和文件夹的优先次序。我将经常使用的那些放在第一屏幕上，较少使用的那些放在后面。我将自己想减少点击的应用藏到更深处。我不想让自己容易分神。当我重新整理手机后，我开始在平板电脑上重复这一过程。

重新整理我电脑的布局让我思考了一下。大约有 20 个文件夹在不停召唤着我。我选择将其减至三个：处理中的工作、新书以及其他。我删除了所有不经常使用以及可能令我分神的东西。删除，删除，删除。

最后，有必要弄清管理销售专用应用的最佳方式了。我必须想出最佳方式，让自己更易访问我的 CRM 和"领英"，以及各种用于记录、提醒、文件管理的其他工具。

我花费了数周时间才做完所有这些数字化整理。实际上，我将其看作晚间娱乐项目（一定是多巴胺！）。做这种整理需要一些思考并做出优先选择，而在漫长的一天结束时，做这种事总是非常艰难。因为我做的所有事都可以撤销，所以我在"游戏"和做小试验时并不感到担心。

即使现在，数月之后，我仍然绕来绕去，想要找到对我来说最有用的东西。真实情况是，这不是对或错体系。最近，我开始重新整理数字文件架构，这样，我就可以使用可能是最少的力气找到想要的信息。我甚至觉得自己的桌面令我有些便秘。我不想被似乎毫不费力堆得到处都是的那些文件打扰。当转换至新任务时，通常，我会花几秒钟时间将其放进正确的文件夹中，这样我的桌面就能恢复洁净。

在数字化整理环境中工作与生活，人的压力会更小。它能阻止我在无关文章、不紧要项目或引诱应用程序中消失。我的思绪更为清晰，我能更好地思考，也拥有更多时间。

数字化整理试验

　　不如今天就留出 30 分钟时间来整理一台设备吧。想想如何调整你的数字桌面，让它无法干扰你。你可以多做尝试，不必非得与我保持一致。对你最有效的办法就是最好的办法。当你感觉一台设备已经整理好不再混乱后，开始整理另一台设备……然后再下一台。

要 点
▲ ▲

恢复丢失的时间

持续分神会扼杀生产力并对我们思考的质量产生负面影响。神经系统科学家丹尼尔·列维京（Daniel Levitin）表示："即使我们认为自己完成了很多事，颇为讽刺的是，多任务处理显然降低了我们的效率。"使用本部分标记的策略和工具，每天挽救一到两小时。

·下载免费版 RescueTime。发现你实际上在如何花费上网时间。

·使用 Moment 记录智能手机的用法。查明使用手机的频率和时长，以及最引诱你的应用程序。

·关闭设备上的电子邮件通知。先关闭一台，做好准备后将其他设备也关闭。

·按预先设定的时间查看电子邮件。适应后延长查看间隔时间。

·限制花费在邮件上的时间。比如，只用 10、20 或 30 分钟来处理邮件。你会工作得更快，并发现自己实际上不需要在邮件上花费那么多时间。

·通过 SaneBox 和 Unroll.me 区分出重要商务邮件。或在电子邮件程序中设定规则。

·关闭各种程序和设备上的通知和提醒，消除分神诱因。

·当需要完成重要工作时，使用 Freedom 阻止自己上网。

·使用 Backdrop 使自己只关注那些工作需要的应用程序。

·在不干扰日程的情况下，使用 Feedly 和 Pocket 聚集并查看有趣的文章、视频、网络研讨会、播客、图片等内容。

·在工作区域放一本记事本。记下涌现的想法，防止冲动行动。

·当你想要走神的时候，停下来，慢慢呼吸一分钟，直到这个想法消失。

·使用"WOOP"方法帮助你解决打乱注意力的常规障碍。

·创建无图标主页。

·重新排列手机上的应用程序。删除无用的，将相关程序放在一起。

·将最干扰你的应用程序放在设备深处。将它们放在几个屏幕外的层层文件夹中，使其难以访问。

·清理电脑上的归档系统、停靠栏、书签和扩充套件。

　　处理每个分神破坏者只需不到10分钟的时间。选择一个开始，以全新方式工作，随后使用下一个。庆贺每一次消除分神的行动吧！这是件了不起的大事。最终，你会拥有更多销售时间，而且会做得更好。

　　请于 www.jillkonrath.com/ recover- time 下载 PDF 版《恢复丢失的时间》。

第**3**篇

||||||||||||||||||||||||||||||||||||||||||||||

勤奋并不能让你成交更多

我们所有人都有许多事要做，即使我们不分神，我们也不可能将这么多的事情挤在短短一个工作周里完成。更不用提让我们尽快处理的紧急事件和沉重的指标。想要取得成功，我们需要时间去计划、研究、调查、维系客户、制作提案、做演示、达成交易，还有一大堆行政事务。

当然，我们需要在较短时间内完成更多工作。但是，更重要的是，我们需要完成适当的工作。我们应该将重点放在那些可能产生高回报的活动上。正如亨利·戴维·梭罗（Henry David Thoreau）曾经说过："只有勤勉并不够；蚂蚁就是这样。问题是，你为什么而勤勉？"

在该部分中，你将了解：

·如何将注意力放在最重要的工作上。我们兼顾着各项事务，因此很容易变得困惑。但是真相是，有些活动更有助于成功销售。

·充分利用时间的策略。一旦减少分神，下一步就是发现使用一天时间的最佳方式，完成更多工作，去做更值得做的工作。

这些全然与优化有关。在短时间内，提升水平，更好地完成更重要的工作。为实现这一点，设计更好的工作方式颇为重要。

目标：更加高效地完成更恰当的工作。

11 忙碌不等于高产

有一点很有趣，就是当你觉得自己解决了一个问题，另一个问题就会抬起它令人厌恶的头颅。在我减少生活中让我分神的事物前，我并不清楚自己的思绪是多么混乱。神经学家一致认为，一个人试图记住的东西越多，思维处理进程就会变得越慢。如果我们将大脑当作召回系统使用，那么就会负担过重。相反，我们需要将大脑清空，在纸或电子设备上进行记录。

去年 1 月，当我坐在书桌旁思考即将到来的几个月时，我意识到自己有许多事要做。我需要采访五位区域销售副主管，准备一个为期半天的定制研讨会，为即将进行的巴塞罗那展示准备 PPT，我还需要为即将到来的销售峰会制作一个时长 13 分钟的视频。在我的写作文件夹中还有六个未写完的文章，我该理发了，我还打算找回一群处于各个决策进程的潜在客户，再找个新床单。获得新收益的想法进入了我的脑海。

所有那些想法、任务和责任都在争相获得我的注意，是时候将它们记在纸上了。写完后的列表有几页长，这是个混乱和复杂的计划，并不是所有事项都同等重要，有一些与工作相关，而另一些是私人事务。有的完成周期是三分钟，有的完成周期需要数月。

更为糟糕的是，我没有完成任何一件事的决心。我更倾向于去处理那些即将到期的任务，因为我已无法忽视它们。或者，我会先完成容易的事，这样我就能将它们从列表上划去。而这，正是我从来完成不了多数重要事务的原因。

《精要主义》的作者格雷戈·麦吉沃恩（Greg McKeown）给了我当头一棒，他在书中写道："如果你不按照优先次序安排你的生活，其他人就会这样做。"这句话直击重点。如果我真希望在短时间内销售更多，那么我就需要开始看看我做的选择。没错，我很忙，非常忙，但是可能我没有将精力放在最重要的事上。我花了太多时间追赶截止日期，随后被这些日期整得惊慌失措。这太疯狂了。

除非我们按照设计生活，不然我们就得循规蹈矩地生活。所有闯入收件箱中的事物都会分散我们的注意力，让我们无法在那些真正重要的事物上保持专注。我们的挑战是学会将重要事与紧急事务区分开，我们不能再混淆忙碌与高产。

在《那件事》中，盖里·凯勒（Gary Keller）提出，不断确认注意力问题非常重要，即：

"我（现在／这个月）能做的'那件事'是什么，做了这件事，是不是其他事务会变得容易或是不重要？"

该问题旨在让你努力思考如何使用时间。太多需要做的事情，让我们很难确定这一点。我们需要拉动数字增长、处理客户问题、准备PPT、参加团队会议、更新客户关系管理、制定客户增长战略、深入发展主旨问题知识等。

对于大多数销售来说，那一件事与挖掘潜在客户或是创造机会有关。如果没有恰当的输送线，我们绝不可能在短时间内销售更多。但是，即使在开发潜在客户时，也能够通过看看那些为你提供高回报率的策略进一步改善你的那件事。

当我看着我荒唐的待办事项表时，我意识到我的那件事是写作。与别的事务相比，这能为我带来更多机会，此外，还能在销售领域中帮助我在现存与潜在客户之间建立可信度。然而，通常只有在完成更多紧要活动后我们才会意识到这一点。

当我询问营销自动化供应商销售员杰克·柯莎科夫斯基（Jack Kosakowski）他的"那件事"是什么时，他答道是社交媒体。他的关注点在于，利用各种社交渠道了解买家并与之联系，从而搭建销售流程。最终，他凭此登上公司业绩排行榜前列。

航空保险推销员赖安·K.（Ryan K.）把他的"那件事"称作"专营市场"。他专门从事某种飞机的推销。一旦做出选择，他便开始积极参与各种相关线上论坛。他会出席目标客户所在协会召开的州分会会议。他会与其他推销相关服务的销售人员交流。这些活动能为他提供全新潜在客户流。

单纯地忙碌无益于问题的解决，我们需要忙于真正重要的事。我们不能让不重要的事件阻碍我们达成目标。我们不能让看似美好却不重要的活动填满日历。我们需要练习优化，有时当所有事都看似重要时，实际上只是我们的错觉。

那么什么最重要呢？销售人员有通常需要完成的"那件事"吗？ VoloMetrix[①] 的总裁赖恩·富勒(Ryan Fuller)的答案是肯定的，我们在销售方面的活动中投入的时间越长，效果就越好。按照他公司的研究，顶级销售每周在客户身上会额外花费 33% 的时间，通常来讲仅仅为二到四小时。但是这不仅是时间问题，还关乎质量和交往深度。此外，顶级销售投入更多时间在公司内搭建关系，使自己更容易开展工作。

通过待办事项表将大脑清空的感觉很好，但是我需要更为残忍地决定在何处花费时间。我们都面临那样的挑战。是时候停止"过于分散"的状态了，这样我们才有希望在较短时间内，通过更少的力气达成更多销售额。

---

① VoloMetrix，一家企业组织分析厂商。

解放大脑试验

你必须完成或者想要完成的工作是什么？花30分钟时间，将能想到的所有内容写下来吧，包括个人和工作事项。在接下来的几天中，你可以将这份列表放在身边，将脑海中闪现的想法和任务添进去。体会一下将它们从脑海中取出的感觉如何？（注意：在下个章节中，你也需要继续使用该列表！）

一件事试验

你可以问问自己盖里·凯勒的专注力问题："我能做的'那件事'是什么（现在／本月），如果做了这件事，其他事会不会变得更为简单或不重要了？"想想你真正重要的"那件事"，可能你要花点时间才能找到。每周或每日问自己同样的问题：本周我能做的那件事是什么？今日我能做的"那件事"是什么？

12 关注真正有效的部分：输送线、计划和生产

让我们先从我能做、我应该并且需要做的长长的事项列表开始，很明显，这些事不可能被做完。我的待办列表上有150项，根据《意志力》的作者社会心理学家罗伊·鲍迈斯特（Roy Baumeister）和记者约翰·蒂尔尼（John Tierney）所言，这只是一般人的平均数字，得知这一点后我感到一丝慰藉。我也知道，任务和目标列表越长，我就越不可能完成所有事。

当我努力将列表砍到更易于掌控的长度时，我发现以下是我投入时间后可能获得最多回报的三个重要类别。

1. 输送线

每周额外花费几个小时在这些销售相关活动上，将会令世界

产生翻天覆地的变化：

·确保足够的恰当机遇。虽然销路拓展、网络交流以及开发潜在客户通常都是不被喜爱的任务，但是非常重要，必须要做。我绝对需要在此花费更多时间。

·持续推进决策。没有持续关注，决策很容易拖延，我真的很厌恶这一点。但这也非常普遍。《CSO 洞察》的一份报告显示，销售代表预计达成的交易中有 54% 都失败了。更为糟糕的是，很大一部分都维持现状。

我们还需特别注意那些能够帮你实现高成交额的顶级潜在客户，我们应该不断问自己：

·为确保他们看到投资回报率，我们应该做些什么？

·我怎么能让决策变得容易？

·需要怎样做才能让事物持续推进？

·还需涉及哪些人？

·我如何发现具备价值的新方法？

对于这些非常重要的客户，只是在客户关系管理系统中保留信息远远不够。我们需要时刻见到他们。最近，我询问了来自不同机构的三位顶级销售如何保持专注。他们三位都将顶级潜在客户的名单列在身边的个人白板上，他们还在上面记录成交额及下一步计划。这种提示能帮助他们更精准地关注真正重要的客户。就我而言，我会在电脑屏幕上粘"便利贴"以便提醒我顶级潜在客户。当我做完一件事，看到新机遇或是达成交易时，我会不断更新提示。

2．计划

花时间进行研究、准备和制订策略与花时间进行面向客户的活动同样重要。就我个人而言，计划一直以来都是我的可取之处，尤其是过去几年，在分神事物占据并摧毁我的日历时。通过策略性瞄准适当组织、准备交谈并且变得富有创意，我达成了更多更好的交易。除了让销售占据我的整个职业生涯，在每次互动前，我还花时间确定目标、进行调研、设计计划，想出要提的问题。

除了计划的重要性外，我还为大多数销售在其中看到了巨大的提升空间。福雷斯特研究公司的报告指出，由于忙于会议准备和创造价值，销售人员的执行率只有20%。你只有一次机会，如果没能把握，你不会再次收到邀请。通过思考和准备，我们能达成最好的效果，我们能更好地交谈，构建更为强劲的商业实例，拥有更高可信度并且以更快速度赢得更多交易。

3. 生产

与你们许多人一样，我是一个企业家，我们需要交付出售的产品。这份工作很重要，因为它能付账单。并且如果你与我一样，"生产"将是你工作中最喜欢的部分。然而，如果你忽视工作中销售和计划的部分，那么你就不能持续进行交易。你要确保有足够的时间来保证稳定客户流，好好计划你"正在做"的事，以最高效、最富有创意的方式使用一天的时间。

输送线、计划和生产是三类需要优先处理的工作。为了在短时间销售更多，我需要在工作日专注于这三类活动。当然，我也有其他需要处理的任务，像是数据库扩充、市场倡议、更新通讯录和开发在线课程等，我会处理它们。现在，我是全新无情的自己，在我完成最重要的工作之前，我不会优先做这些事。

将我的待办事项表砍到可控规模是一件痛苦的事。有些事即便我再不喜欢做也要保留。我评估了各事项的前景，我甚至削减了一些有很大潜力但不能令我兴奋的事项。开始一个销售策划小组或系列播客绝对不会成为我的首要待办事项。相反，一些平淡无奇的项目却从垃圾堆里救了出来，比如"写作"，因为我知道如果我能完成我将会得到更好的结果，我只是需要找到开始的方法。

最困难的部分是处理那些迫切需要生存的事项。"选我，选我！"一个电子书概念大声呼喊着。我将其扔到了新创建的"某日"文件夹中，这是《搞定一切》的作者和生产大师大卫·艾伦（David Allen）推荐的策略。一个我喜爱的项目（为小公司进行免费在线销售培训）恳求着我："你一直都想要这样做。这将帮你收获更多。"我没有做好放弃的准备，因此我也将其放在了"某日"文件夹中，当我有时间、有精力的时候，我会考虑这些事项。现在，我会定期看看这个文件夹，可能里面的项目我永远不会去做。但我不想失去这些想法，它们可能会带来别的东西，或者，当我不再对他们感兴趣时，我会将它们扔出去。

现在的待办事项列表让我感觉如释重负。是时候将留下来的事项变为一份主任务列表了，这是我接下来的一周的目标。在周日夜晚我坐下来问自己：本周最需要完成的工作是什么？什么能对我达成目标产生巨大影响？什么能推进我的大项目？

我在心里比较了无数种选项，迫使自己做出选择，直到写下真正简短的列表：追踪顶级潜在客户，写一篇博文，为接下来的研讨会做准备。然后，我多做了一步：如果我本周只能做一件事，那这件事是什么呢？当然是研讨会。

我现在非常清楚什么事最重要了。当然，这些并不是唯一需

要完成的事，但是，这些事可能会发挥巨大作用。是时候编辑我
的每周计划了。

周日晚间试验

　　看看你主要任务列表上需要完成的事。提前看看接下来的一
周有多少时间被占满。关注本周需要完成的首要工作，并在日历
上进行安排。将时间分块,去做你想要取得进展或想要完成的工作。
在这一周中，你可以评估看看提前确认每天及这周需要做的事如
何影响你的生产力。

13 计划，或者让时间和金钱溜走

在销售业，系统胜过奇迹。除非我们认真考虑如何花费时间，否则我们不能期望自己减少工作时间的同时，提升收入。减少分神是个好的开始，了解关键优先处理事项同样重要，但是这仍然不够，除非我们有恰当的计划。

日常生活中，我很少思考高效人士同我在想法和行动上的不同。他们认真对待自己的时间。如果你看看他们每周或每天的日历，上面肯定满满地规划并优化好了那些能够让他们达成目标的活动。

相比之下，大部分工作时间中，我的日历上满是空白，其中穿插着安排好的会议。虽然我真的打算使用这些没有安排的时间来完成一些重要工作，但通常都不太可能。相反，我将其浪费在其他人的优先事项上。正如《深度工作》的作者卡尔·纽波特（Cal Newport）所写："如果你不能为你的时间安排工作，那么它就会因'分神'而消失不见。"

这就是我的境况，或许也是你的。除非我们能有计划地使用时间，不然我们就不能完成目标。

高产的销售人员的一周从周日晚间开始。他们花费 20 至 30 分钟看看日历上接下来一周的工作。我们正是需要从这里开始。想想你的"那件事"，确保你的日历上有处理优先事项的时间，再次确认你的输送线上有足够的潜在客户，弄清你需要如何推进现有机遇。如果你需要计划时间，不如也将其放在日历上。

然后，使用这些策略来为你的日程增添动力。

按"时间块"工作

通过短暂休息将你的一天分为四至五个"时间块"能帮你提升效率，问问自己："在 60 至 90 分钟内我真正能做完多少事？"

《我们工作的方式并非有效》的作者托尼·施瓦兹（Tony Schwartz）在书中建议，我们需要冲刺工作，因为这符合我们与生俱来的机体节律。每一个半小时，我们的身体就会进入懈怠期，变得很难思考和工作。试着挨过这一段并不起作用。

在这个时间框架内，你可以致电 20 位潜在客户，编辑一份简单的提案或是为即将展开的会议制订计划。你也有足够时间进入工作。有时，我们会过度预估自己实际可以完成的工作量，这点需要注意。

将更为简单的活动整合

我们要避免多任务处理。美国心理学协会研究表明，在任务间转换可以耗费一个人 40% 的生产时间，多任务处理也会降低我们的智商。以下是一些帮助你整合工作的方法：

·挖掘潜在客户：大多数销售都没有意识到挖掘潜在客户是一系列非常困难的活动，研究、计划、打电话、发送邮件以及记录。如果你能将该工作分在不同的时间块来进行，那么你会更加高产。比如，你可以从网络调研开始，记下相关想法、简介以及信息。然后，分别留出制作信息、打电话的时间。最后，在这些都做完后，将你获得的信息录进客户关系管理系统。

·提案：如果你需要编辑多份提案，那么请连续完成它们。这样大脑更容易进入提案写作思维模式。这能让你更好地工作。

设立缓冲

将重要会议接连安排在一起一定会导致灾难。如果你曾有过这样的经历，你就知道我在说什么了：在谈话的最后几分钟，你试图理清如何结束会议，同时，你还要为下一位潜在客户发送邮件，告诉他们会议推迟了几分钟。当你接通下一通电话时，你会感到慌张不安，担心自己的表现不够出色。

为防止这种问题发生，在会议间设立 15 分钟的缓冲时间。即使事务能按时完成，你也有几分钟的额外时间来询问或想想你接下来的做法，因为这时你对会议内容仍旧记忆深刻。这样一来，你将有额外时间为接下来的会议做准备，确保其能够顺畅运作。

你在转换任务时也要设立缓冲，给自己留出结束思考一项任务的时间或慢慢让自己投入下个项目中。

看看周围

如果你是某一领域的销售代表，最大化利用你时间的最佳方式之一，就是在一个实际地点附近计划你的一天时间。《挖掘潜在客户狂热者》的作者杰布·布朗特（Jeb Blount）说道："最佳销售人员在白天划定地域。随后他们依照这一规划安排自己每一天的待处理事项和电话，从而减少驾车时间。关键是利用客户关系管理系统基于地理属性浏览电话列表。"

软件公司顶级销售亚娜·K.（Jana K.）很擅长这样做。她经常需要组织协会会议让地方和私立学校客户出席，因此她经常在路上。使用她的客户关系管理规划工具，她能够很快确定即将举办活动区域内的客户和潜在客户，并安排时间与他们见面，堪称将出行时间最大化利用的大师。

即使你没有这种能力，这也不是不看地理位置的借口。你的时间太宝贵了，不能被浪费。我有一个从事眼镜业务的客户，他们的代表经常需要驱车到本国的各个地方去见眼镜商，他们的顶级销售会在沿途安排与其他眼镜店展开会议，确保其旅途的价值。

设定退出时间

如果你感觉精疲力竭，这听起来像是不可能的事。如果你在家办公，那么你的办公室（和工作）总是充满诱惑，所以，这种情况下，你最好的选择就是告诉自己，"在'这段时间'我要离开这里"，并且做到这一点。按照字面意思，在这个奇幻的时刻，你关闭一切事物然后离开。

设定退出时间能迫使你做出更好的计划，你将不太能容忍任何中断和分神，也不能容忍自己主动走神。我是在几年前发现这一点的，我的丈夫和我决定逃离明尼苏达州难耐的冬季，去温暖的犹他州南部过一个月。在那里，我每天下午2：30停止工作，这样我们就能出去远足。我会早起一点，但很大一部分原因是因为我更有效率，因为我知道我有个截止时间。

没错，会有你在既定时间无法离开的时刻。会议没完没了，或是你需要完成一份今日就要交给潜在客户的提案，有个客户问题必须解决，你的老板需要与你聊聊预先计划。

或是，你或许可以在既定时间离开，但是仍然有一些工作需要在晚些时候完成。许多忙碌人士会将其他行程进行整合，以适应生活中其他的重要事务，像是孩子、志愿工作和娱乐。设定退出时间能够更好地刺激生产力提升，同时也能令生活更为充实。

你可以使用这些指导方针创建适合你的体系。再次想想体系，那些因为有用而每一天都在做的事，一份能最终让你得到想要结果的计划。根据动机专家海蒂·格兰特·霍尔沃森（Heidi Grant Halvorson）所言，恰当的计划，可以让目标实现成功率上涨200%-300%。

如果你从没用过体系工作，那么这会是一大改变。但是我可以这样告诉你：我开始爱上体系，尤其是由自己制定的那种。结构自由，但是体系有效。

我退出试验

清晨你要做的第一件事，就是决定你要在那天离开办公室的确切时间。看看日历上的安排，以及你需要做的事，复仇式地开始认真工作，确保完成最重要的任务，也要确保自己不被不必要的分神打扰。在设定的既定离开时间的 15 分钟前，检查你的完成进度，再确定明日接下来的步骤，夸奖自己这一天效率颇高，然后离开。

14 你的工作方式是否经得住考验

当我完全投入地制订工作计划时，新想法从四面八方跳出来。这些想法有的有研究依据，而其他想法来自那些刚试图解决如何完成更多工作的人。正如社会化关系管理邮件平台（Datahug）销售副主管罗斯·赫阿勒（Russ Hearl）曾跟我说的："不要假设你做事的方式就是最好的，这只是逐步形成的。"如果你想要获得提升，试试这些策略，看看对你来说是否有用：

用颜色标记你的日历

如果你所有日程上的活动都为相同颜色，那么你就错失了查看时间如何分配的机会。近日，"初始销售集训营"创始人、前出色销售人员朱丽安娜·克利斯波（Juliana Crispo）向我展示了她的"交通灯"日历体系：

· 绿色活动能够增加收入。她将所有涉及客户互动的会议（电话、展示、演说）标记为该种颜色。

· 黄色活动能够促进收入增加。这些活动能增加途径并持续推进交易。

· 红色活动为功能性、运营性或行政性事务，无须在主要工作时间内完成。

只需快速扫一眼，朱丽安娜就能看到她的日程是否能够帮助她完成目标，如果不能，她可以快速进行调整。

为你的日子选择主题

《12 个月成为自己的老板》的作者梅琳达·爱默生（Melinda Emerson）告诉我，周一是她的写作日，对于这一点，我感到震惊。在周一的下午 4 点员工会议前，她只做一件事：写作与编辑。周二至周四她专注于销售会议和电话会议。周五是她的奋起直追日，专属于未完成的项目。她的日子都根据活动重心设定好了主题，因此，她总是知道要做什么，何时去做。

美国移动支付公司和推特的总裁杰克·多西（Jack Dorsey）也使用主题日的方法使自己处于游戏前列。周一用于管理；周二用于生产；周三用于营销、沟通和增长；周四属于开发者和合作伙伴；而周五用于文化和招聘。这些主题，帮助他确认了他的工作基调，使他能时刻关注商务中真正重要的事务。

在销售业，我们也可以这样做。比如，周一可以是"开发现在客户准备"日，在这一天，你可以确定目标公司，找到联系人并做调研。周二可以将注意力放在拓展上，开始联系确定好的潜在客户。你可以在周三和周五尽可能多地安排"销售会议"。在周四，你的首要主题可以是"追随"，在这一天你可以写提案、准备演讲或是做展示。

主题日的美妙之处在于，当你进入办公室时，你准确了解等待你的将会是什么。你会从精神上做好工作的准备，充满新鲜的想法，准备好应对各种挑战。如果你受到干扰，虽然干扰不可避免，但你将准确了解如何返回工作，以及你需要什么。

如果你还需要交付你所售卖的项目，你的工作通常需要完全陷入在客户的商务中。你需要进行采访、分析进程、研究竞争者等更多工作。你需要根据所学创造或打造一些新的事物。如果这是你的工作方式，那么你可能需要主题周而非主题日。如果第二天你需要进行新的工作，那么你将很难真正专注在项目上。

安排少量时间

美国作曲家雷昂纳德·伯恩斯坦（Leonard Bernstein）信奉一句话：两个要素对巨大的成功来讲非常重要，计划，以及不太充足的时间。正如我所指出的，当我们临近截止日期，我们总是会加快工作步伐。一个很好的例子就是在我们旅游出发前的几天，我们会嗖嗖地浏览电子邮箱，花一半的时间完成提案，并很快为困扰我们多日的问题做出决定。

对于并非任务之一，但重要的工作，我喜欢将"短时间内完成它"转化为挑战。具体来讲，我说的是那些我认为难搞的行政任务，它们无法摆脱却又必须完成。我会给自己安排 20 分钟甚至 10 分钟来写邮件，而非 30 分钟。或者如果我以一个相对轻松的速度工作，我会将全部文书工作放在更短的时间段中分批处理。这种与时间赛跑的游戏激励我完成工作，同时令我感觉自己像个超人。

记住，你今日的工作方式是你的习惯累积而成的，通常不由你主观决定。我们要么蹒跚前行，期待着得不到的更好结果，要么采取措施帮助自己更快完成工作。

决定不做的事

每天需要做的决定越少越好，这能使我们放空思绪，集中精力处理更加重要的事物。史蒂夫·乔布斯（Steve Jobs）因其黑色的高领毛衣和牛仔裤而闻名。他不会花时间在决定每天穿什么上。相反，他保留自己惊人的脑力，专注搭建伟大的产品以及一流公司。

了解你"不做的事"可以消除每遇到一个特定环境就要做出一次决定的烦恼。清楚这一点就可以成为改变游戏规则的人，但这一过程没有尽头。每年，我都会在列表中添加更多"不做的事"：

· 我不接陌生人的来电。我不会让陌生人打扰我的生活。

· 我不会回复征求意见书。如果我没有参与制作这些文件，那么这些文件就是为他人而写的。

· 我不和某些领域的人合作。他们销售的方式和产品通常与我的专业领域大相径庭。他们最好与其他人合作。

· 我不做教练或咨询工作。我正在执行影响成千上万人的任务。花时间进行一对一辅导将会妨碍我完成目标。花费我全部的开创性经历帮助一家公司同样如此。

对人们说"我不做"时有力量和定局在其中。他们不会回来试图改变你的想法。这样你就可以坚定信念，专注于真正重要的事。

你甚至可以指定一些严格的规则来简化你的生活。有了这些规则，你甚至可以完全不思考。我的一条基本规则就是，在任何情况下，我都不会乘坐红眼航班。虽然红眼航班会让我更早到家并且省钱，但第二天，我会彻底累倒并且毫无生产力。我还有一条有关会议的铁律：记笔记。如果不这样做，我肯定会忘掉一些重要的细节，我不会让这类事发生，这种代价太惨重了。

你要紧张你的时间，时刻寻找优化和简化它的方法。但是，小心将自己变为生产力机器人。因为很快你就会发现，只有工作、没有娱乐将会是灾难的开始。

主题日试验

下周选出一天100%专注在某项特殊活动上，并为其命名。比如，周一，潜在客户挖掘准备日，或周三，途径分析日。在这些日子到来前，想想为了更好地专注于这些主题，你需要做好哪些准备。在专注日的前夜，做好一切准备，以便第二天一早开始第一项工作。如果第二天要挖掘潜在客户，那么就提前收集好列表。如果你要进行研究，那就提前确定你想要发现的问题。如果你要进行分析，那就提前准备好要看的资料。当你开始工作，直接开始即可。

15 别在充电前耗光自己的能量

在我努力适应这个全新高生产力的生活方式一段时间后，我发现自己过得并不快乐。没错，我是完成了工作，但在一天结束时，我感到筋疲力尽。我很难将注意力集中在关键的优先事项上，我感觉自己就是个被充分利用的高效机器人，一直都在工作，没有娱乐。显然，我错过了一些重要的东西，但我不知道究竟是什么。

这就是当我偶然看到 Draugiem 群组的研究时深深着迷的原因，他们想要找出自己生产力颇高的员工与别人工作方式的区别。通过使用 DeskTime[①]，一款记录时间的生产力应用程序，他们发现 10% 的顶级员工能够更加高效地休息。具体说来，他们带着"强烈目的"努力工作 52 分钟，然后完全休息 17 分钟。他们一般用这些时间来散步、锻炼或与同事进行社交活动。

———————————

① DeskTime，实时生产分析追踪服务。

冲刺，休息，冲刺，休息。这就是他们一整天的状态，更为重要的是，似乎他们从没有压力。在休息的这段时间里，我们的大脑会进入消极任务（神游）模式。这时，便可将分散的主意和想法整合起来，帮助我们想出新鲜的想法，解决精神障碍。很简单，我们让大脑休息一下，我们就能更富创意，也更加聪明。

这一定有原因，与肌肉一样，当过度使用后，我们的大脑会感觉疲劳，需要放松一下。

如果你不休息一下，你的思绪就会开始游离，你会不知不觉地登录"脸书"并好奇自己如何来到这里。但其实只是你的大脑在告诉你：够了，快停一下吧。

对于当今指标崩塌、数字驱使的销售组织来说，休息看起来就是异教邪说，是在随意浪费时间。我们这些在家办公的优等生也会在花时间重获新生时犹豫。相反，我们为自己装备更多咖啡因和含糖物品，手动控制我们的天然"暂停"按钮。我们的身体会释放压力荷尔蒙来帮助我们走出困境，但是这进一步阻碍了我们的思绪。我们的脑海中极少有好的想法出现，我们无法找到解决障碍的办法。

基于错误信息的老旧时间观念令我们陷入了恶性循环，不停歇地工作并不有助于我们加快完成速度，相反，速度还会放慢。事实上，休息并非奢侈品，而是必需品，但是并不是所有的休息都能创造同等效果。

最糟糕也是最为常见的休息方式就是与工作相关的休息。在你休息期间查看电子邮件或社交媒体网站只会让你更加劳累（我就是这样做的！）。与同事谈论一个糟糕的新产品发布会只会让你压力更大。反思一个处于危险边缘的大交易只会让你更为乏力。即便像是快速且不用动脑的家庭琐事，比如叠衣服或洗盘子，也不能让你恢复精力。

想要给大脑充电，你需要做一些令你愉悦的事，让你获得享受，能从中获得快乐的事，最好与工作无关。这对我来说简直太难了！我只是觉得在一天中让自己放纵一下是犯错。但我决定试验一下，研究人员推荐做法如下：

·起身并远离书桌，在办公室走走，做一些伸展运动。我有一套专门在休息时间使用的力量训练。运动就像重置开关，在你的体内释放内啡肽，令你心情更好。此外，你的大脑会获得新鲜供给的氧气，这有助于提升你的思考能力、问题解决能力以及创造力。

·假想一个权力姿势。哈佛社会心理学家艾米·卡迪（Amy Cuddy）发现了人的肢体姿势与信心等级间的惊人联系。她研究的中心为"权力姿势"。想想神奇女侠如何站立，想想大老板如何靠着椅背并将脚放在桌子上，或是想想获胜的运动员如何举起手庆祝胜利。

根据卡迪的研究，当一个人假想这些姿势，就能激起化学反应，不到两分钟，不管男人或女人的体内都会释放更多睾酮，这是一种提升人类自尊心、个人形象、乐观和进取心的荷尔蒙。与此同时，血液中的压力荷尔蒙数量将会减少，降低恐惧水平。也就是说，假想的信心能够创造信心。

·多多社交。如果你在办公室，与同事聊聊天。更好的做法是，与同事一起计划一个强力一小时，在此期间，每个人都刻意专注于工作52分钟。在规定时间后，你们可与对方进行有趣的交谈，午餐时也与人们见见。不要独自在办公桌上吃饭，与其他人在一起能帮你精力充沛。

如果你在家中办公，不妨在休息时给朋友或母亲打个电话。我有一些工作狂朋友，他们现在都靠我拆分他们的工作日。在一开始，我会确保告诉他们我只有15分钟的时间。当我们与他人联系时，我们会更加投入工作，更为高效，也会获得更好的结果。所以，你不妨花时间进行人际交往。

·玩一会儿。如果你的公司有乒乓球台、桌上足球或视频游戏，可能的话，与同事一起享受游戏。游戏能够让你恢复思考能力，让你以更高水平重返工作。

·小憩一下。如果你觉得困倦，睡一下吧。如果你在家工作，这就容易多了。尽管像谷歌、思科和宝洁等公司在近期增添了休息室，但休憩在办公室还是会更加难以实现一些。即便只是短暂休息一下也能提升生产力，增强创造力，提升精神敏锐度并提升精力。哈佛多项研究表明，在下午小睡 30 分钟就能将你的生产力恢复至晨间水平。

想想何时休息，这一点也非常重要。根据艾米莉·亨特（Emily Hunter）教授在贝勒大学的研究，上午的休息效果最佳。亨特表示："我们与手机一样，应该在充电之前将自己消耗殆尽。但是，我们必须增加充电的频率。"上午休息，让我们不至于将自己消耗殆尽，而想要在这时结束一天的生活。总而言之，随着一天的推进，上午休息使我们不陷于过度劳累，但我们也不要忘记，下午也需要休息。

我们需要学习跟随自然节奏工作，明确我们的"开始—停止"周期，而不是像我们大多数人一样与之作战。我们要尊重自然节奏而不是一味事后反思，它们远比这个重要得多。想要更为理想地工作，我们需要像严肃对待工作一样慎重看待休息。

这或许就是我为什么如此喜欢《亚特兰大》作者德里克·汤普森（Derek Thompson）在书中说的话："有时，生产力科学似乎就像替懒惰辩护的有组织骗局。"

充电试验

不妨选一天试一下，在极限工作 52 分钟后让自己休息 17 分钟，不要用这段时间来查看电子邮件或者做其他任何与工作相关的任务。相反，起身动一动，与别人互动一下，做一些娱乐活动。休息过后径直重返工作。体会一下这样做对生产力的影响，如果你觉得还不赖，那么明日继续这样做。

16 用番茄工作法快速启动

　　开始一个新项目或是全新的销售活动非常艰难。当我们深入探索前，我们的大脑会自动预想项目中最困难的部分以及我们将要面临的所有挑战。为了避免处理这些不受欢迎的部分，大脑会试图通过令我们关注小型且不费脑筋的任务从而模拟高效工作，比如刷新"领英"消息、查看内部即时通信系统或为人力资源部填一份表格。我们对这项工作推进得越慢，就越难推进。

　　不知不觉，我们需要完成的工作就会变成"屋子里的大象"，即明明存在却让我们刻意回避的问题。我们能找到众多理由令拖延症合理化，我们骗自己相信在重压之下表现更佳，我们因缺乏意志力和动力而虐待自己，但似乎仍对解决问题力所不及。

　　真相是，我们只需快速开始，这样，压力就无法影响我们的判断力，让我们在工作面前退让。

　　一旦开始，"蔡加尼克（Zeigarnik）效应"就会发生作用。

心理学家布鲁玛·蔡加尼克（Bluma Zeigarnik）在她的研究中发现，当人们完成任务后，很快就会将其忘掉，但是如果人们在工作时因受到干扰而未完成任务，那么该任务就会无情地困扰着他们。在完成任务前，我们的大脑不会让我们脱身。这便是掌握开始艺术如此重要的原因。

然而，并不是所有任务开始就能完成。有时候你可能需要其他人的加入才能完成，有时候可能资源、项目规模之大需要花费数月才可完成。为防止蔡加尼克效应不断骚扰你，你需要汇集一份计划。只需如此，你的大脑即可放松。然后，你的大脑就会了解，你会在不久后的将来或者是某个特定日期完成该任务（或至少是部分任务）。

让番茄工作法发挥作用

我喜爱使用番茄工作法开始全新项目。该技巧由弗朗西斯科·西里洛（Francesco Cirillo）发明，其首要目标是让我们开始我们不喜欢的任务（比如寻找潜在客户）或那些需要高度注意力和高质思考的任务（比如在竞争激烈的环境中取胜）。

通常，我们会磨蹭一会儿，试图以放松的方式开展工作或是希望突然出现一些更为紧要的事。而番茄工作法令你能够机械而直接地开展工作。它能帮助你了解如何处理时间,而不是与之对抗。数小时的时间不会消散于空气中。相反,你最终会获得巨大的成就感。想要开始,你只需要一个厨房计时器或是免费的应用程序Pomodoro One[①]。

开始看似简单。

1. 选择一个需要展开的任务。

2. 将其记在你的活动日志上。

3. 将计时器设定为 25 分钟。

4. 开始处理任务。

5. 到规定时间后立即停下。

6. 休息五分钟。

就这样。在休息时,离开工作。走一走,与人聊聊,喝一杯水或是匆匆做一些运动。在你休息时,大脑会自行恢复,也能释放任务上的紧张注意力,从而使其能与其他有用的主意、想法、策略或是问题联系上。此外,蔡加尼克效应也不会一直萦绕在你身边,因为它知道,你很快会继续工作,这是计划的一部分。

一旦休息结束,新阶段开始。你可以连续进行四次,在第四次结束后,多休息一会儿,比如 15 到 30 分钟。此外,你应该尽

---

① Pomodoro One,一款根据番茄工作法追踪工作时间的应用。

早完成任务，继续努力，在计时器响前选择另一个项目。

　　阶段的目标是发展而非完成。你可以训练大脑在这些 25 分钟时间段里冲刺工作，然后花时间为自己充电，从而继续任务。这便是全新、更佳工作习惯的养成方式。

　　记录每个阶段完成的工作同样很有价值。人类取得进展就会感到兴奋。《进展原则》的合著者特里萨·阿玛比尔（Teresa Amabile）和史蒂文·克雷默（Steven Kramer）研究了 238 名学识渊博的工人，这些人在工作时都需要创意性生产（当今销售人员恰好属于该类人）。在这些员工自己认为的"好日子"的时间里，他们在达成目标上取得了进展。即使只向前一小步，也会产生刺激令他们感到幸福。这便是记录完成事物重要性的原因。你可以将其手动记录在表格中。或者你试试"I Done This"① 应用程序。这两项都有助于让你因成就而感觉良好。

已完成任务

日期	完成任务	阶段数
1/5	确定 20 家目标客户	XX
1/6	决定 3-5 个联系人 / 账户	XXX

---

① I Done This，一款团队进程追踪软件。

在一天中的四至五个阶段中，你能够看到完成工作的数量提升度是如此惊人。你会说，"哇，真不敢相信我竟然做完了这么多工作，"而不是说，"哎，两个小时过去了，我几乎什么都没做"。

超大型项目

有时，当我们处理复杂或不熟悉的工作时，或者，有太多事需要做而又不能做出判断时，就会很容易感到不堪重负。《为自己预定坚实的世界》的合著者马修·金伯利（Matthew Kimberley）有个很棒的观点，他说道："不堪重负并不是因为要做的事情太多，而是不知道下一步做什么。"

为了避免这些瓶颈，我们可以将大活动分解为可行的各个部分。比如，如果你计划与一个重要的潜在客户召开一次大型会议，你可能希望据此分配你一天的生活：

· 60 分钟：回顾公司、策略性倡议、金融、市场相关信息；研究将会出席的关键决策者。

· 60 分钟：与团队成员讨论策略。

· 90 分钟：将标记出的有用的商务案例汇总在一起。

· 60 分钟：回顾并改进演说。

· 90 分钟：练习表达并嵌入参与度。

一旦你谋划完毕，将其放在你的日历中。你需要确保拥有足够时间进行周全准备。

将这些大计划打碎成可以执行的小块，确保你能够开始。番茄工作法让你能够投入工作。你会构建动力，更快完成工作，并且做得更好，而这些对成功销售来讲至关重要。

番茄工作法试验

你必须经历一次才能明白其价值。立刻看一眼你的主任务列表，你真正需要立刻开始做却停滞的那一件事是什么，记下来。现在，花几分钟时间整理好你的工作区域，专注冲刺，你可以仅在 25 分钟内创造奇迹。

当你做好准备，设定好计时器并深入探索。一旦到时，停下来，稍微休息一下，然后问自己：我对目前完成的工作满意吗？我学到了什么？我有继续做这项工作的动力吗？

17 用晨间惯例开启工作，用晚间惯例结束工作

　　作为一个忙碌的家长，我等不及想要搬到一个家庭办公室。多年来，我每天都努力在清晨将两个孩子送到学校或日托所，而又不能忘记任何事。然后，花费 45 分钟在晴好的天气，穿越拥挤的小镇驱车前往办公室，而在明尼苏达州的冬季，则要花费多达两个小时。

　　你绝对想不到，当我开始在家办公时，我发现我实际在怀念车程，这令我感到震惊。我独自一人驱车前去工作，我会安排好日程，并制订账目计划。在回家路上，我会接听销售电话，制订下一步计划，并且想想自己学到的内容。但是当我在家办公后，事情发生了变化。用不了 17 秒我就可以坐到办公桌前，而我的精神还没有做好工作准备。在一天结束时，我忙于做晚饭或是带孩子练习篮球，完全没有任何反思时间。

　　那时，我并不理解良好的晨间与夜间惯例的重要性。相反，

我选择了最不理想的做法，因为我不知道其他更好的。

在读到《一流成功人士早餐前都做什么》后，我就知道是时候反思我的做法了。作者劳拉·范德卡姆（Laura Vanderkam）说，取得高成就的人都有晨间惯例，比你认为的要启动得更早。他们通常在破晓之时起床，发展自身职业、关系以及他们自己。当这些表现出色的人来到办公桌前，他们已经走在了我们大多数人的前面，为一天做好了准备。

我嫉妒这些早起的人。我的思绪在晨间并不清晰。当我必须早起时，我需要竭尽全力才能让大脑开始工作，让创意性想法涌入，甚至进行机智型对话。

幸运的是，我发现想要完成更多事，凌晨醒来并不十分重要。根据《怪诞行为学》作者、行为经济学家丹·艾瑞里（Dan Ariely）所言，我们每天拥有两至两个半小时的生产高峰时间。他说道："如果你在早上7：00起床，那么在8：00—10：30时你的生产力最高。"其他研究人员表示，我们的大脑在起床后的两个半小时至四个小时间最为敏锐。

显然，如果我们想要最大化利用时间，我们需要建立晨间时段的良好习惯。我再次提到了习惯，一些我们每天都在做的事。只有这样，我们才可以拥有正确的思维模式以便更好地工作。

头十分钟

当我们进入办公室，我们需要良好的十分钟惯例来开始工作，需要那种让我们立刻专注在正确事物上的惯例。一开始，安静地坐着，什么都不做，有助于我们进入状态，你只需一到两分钟。如果你拿着一杯咖啡，享受这种香气，不妨让这成为一种信号，告诉大脑你已经做好了开始的准备。

然后，不要马上使用你的设备，想想你距离目标达成还有多远，想想你今天要完成的工作，将注意力放在最为重要的事务上。最好，你已经在前一天记下了今日需要攻克的一些首要难点。如果没有，那么你需要确定需要首先处理的事。然后，查看日历，看看有没有重要事务变更或即将召开的会议是否需要进行更多准备工作。

尖峰时段

在一天开始时先做重要的事，这一点很重要但通常很难实现。让你的精神油泵做好准备的一种最佳方式就是首先处理一项能够让你快速取胜的任务。做这件事不会花很长时间，但当你完成时你会感到快乐。

就在今早，我很快写了一份叙述，与我即将为一组企业家进行的主旨演讲有关。我的客户需要在今天结束时拿到它，以便将该活动发布至他们的实时通讯中。我提早完成了，感觉真是很棒。将其从我的待办事项列表中划掉使我可以集中精神处理最重要的事务。

如果你有多项工作需要完成，遵循马克·吐温（Mark Twain）的建议，他曾经说过："在早晨首先生吃一只青蛙，这一天就不会有更糟的事情发生了。"对于许多销售来说，活青蛙就是挖掘潜在客户、打电话。想象一下，如果你能在 10：30 前完成 20 项，你的日子是不是会变好？

我们的意志力在晨间时段最为强大。在这段时间里，你有能力让自己从事可怕的活动。如果你不在这段时间完成它们，那么你极有可能不断推脱这些活动。这是博恩·崔茜（Brian Tracy）在《吃掉那只青蛙》中提出的有关这一主题的现实问题。我可以证明这一点，我试图晚些处理"一些鲜活的青蛙"长达数周。很不幸，这只会令我悲剧。现在，我迫使自己在早餐时吃掉这些青蛙，然后我发现，它们并非像看起来那样难吃。

还有一些如何从晨间惯例中获得最大益处的想法：

· 花几分钟时间与同事进行社交活动。当我们感觉是队伍中的一员时就能更好地耕作，效率并非一切。

· 做一些让你心情好的事。看看近期假期或好友的照片，称赞一位同事，冲周围的人笑笑，当你感到快乐时，你的生产力就会提高。

无论你做什么，请不惜一切代价保护这些尖峰时段。其他人会试图偷走这些时间。或者，如果没有计划的话，我们默认的分神设置就会掌管它们。

最后十五分钟

如何结束这一天与如何开始同样重要。你需要一个关闭仪式，一件你每一天都会做的事，因为这是你的工作方式。不要只是关闭电脑，掉头离开，花些时间想想你这一天做了什么，还有什么需要完成，查看明日日程以便了解即将发生的事，然后，写下三件接下来想要完成的最重要的事。

通过在前夜进行状态检查，你的大脑被激活并开始思索这些事。整个夜晚，它都会在后台运作，搜寻能够帮助你的相关想法或信息。如果你被什么事困扰着，不如问自己这个问题。就算你没有在积极思考这个问题，你的大脑也会参与问题的解决。

另一个重要但鲜少被人使用的放松策略就是反思。你可以花费十至十五分钟思考并记下你学到或完成的内容，以及你的进步。

当我努力改变习惯，适应全新且更为高效的工作方式时，我每天都会使用这种方法。这种做法能够带给我宝贵的见解，让我调整工作方式。

近日哈佛商学院教授弗朗西斯卡·吉诺（Francesca Gino）的一份研究表明，即使仅反思一小段时间也能提升新员工 28% 的工作表现。行政教练克里斯·霍姆伯格（Chris Holmberg）坚称，他的员工每周结束时都会反思一整个小时。他说道："对于创业者来说学习效率低下会让他们损失严重。他们必须相互学习，最大化学习效果，反思是加速学习曲线的关键。"

为完成你的每日必做惯例，清理你的工作区域。当你进入办公室，你不会想要看见任何分神事物，它们令你无法完成最重要的工作。关闭电脑上的其他应用，只留下第一个工作阶段需要用的那些。有时，我甚至会在屏幕上放一个"便利贴"，让自己看见这项任务，不容忽视。

拥有可靠的晨间与晚间惯例能够推动提升工作效率。

开启工具／关闭工具试验

想一件你想要在晨间或一天结束时的惯例中改变的小事。确保这是一件小事，这样你几乎就不用额外花时间。或许你可以将头五分钟专注在办公桌前。问问自己："怎样做能够帮助我快速

开启一天的工作？”开动脑筋想几个主意，然后选择想做的一个，
执行一周，看看会发生怎样的变化。在每一天结束时，想想它对
你产生了何种影响。

要　点
▲　▲

完成更多

在减少分神后，优化时间就是你能做的最重要的事。如果你能正确地、尽可能早地做了对成功最重要的事，那么你投入的时间就会获得最高回报。这些策略将使你每日拥有额外的一至两小时。

·练习残忍地优化。为决定将注意力放在何处，使用盖里·凯勒的注意力问题："我能做的那一件事是什么（现在／本月），通过完成此事，其他事会变得容易或不重要吗？"

·将你的大块时间投入到面对客户的活动或为之做准备。

·注意你的渠道。确保你有充足数量的合适潜在客户，确保推动决策。

·将你的待办事项列表转换为主任务列表，将不重要或非紧急的事项移至"某日"文件夹。

·在你的日历上安排日程，完成最重要的工作。所有重要事项都应放在上面，否则你就不会开始工作。

· 在周日晚间回顾眼前的重要任务。通过提前规划，在一周开始时能够直奔主题。

· 按照"时间块"工作。问问自己："在 60 或 90 分钟内，我实际能完成多少工作呢？"为使生产力最大化，你可以将相似活动放在一起。

· 设定固定时间，查看电子邮件。避免一直访问收件箱引发的大规模分神。

· 插入缓冲时间。在各个电话和会议间，花时间思考并反思自己学到的内容，为下一项内容做准备。

· 优化计划，用颜色标记日历。不同颜色可以帮你看看自己如何花费时间，设定主题日以使流程最大化。

· 少做决定。了解不做的事。设定严格遵循时刻的铁律。

· 定时休息。单次最长工作时间不超过 90 分钟。然后至少休息 15 分钟恢复精力。

· 如果发现某项工作极难开展，那么使用番茄工作法快速启动。

· 制定晨间惯例快速开启一天的工作，制定晚间惯例强力结束工作。

你有设定更佳工作方式的权力与能力，不要墨守成规地生活，优化、优化、优化!

访问 www.jillkonrath.com/get-more-done 下载 PDF 版《完成更多》。

第**4**篇

||||||||||||||||||||||||||||||||||||||||||||||||||||||||||||||||||

聪明的销售员会用最简单的策略

最佳策略通常都最为简单，但是找到这些策略需要花费时间。你必须让自己专注于细节，将其整合为你的工作方式，也只有这样，你才能够发现更为优雅的方式完成你的任务。

在本部分中，你将发现更高层级的思维模式，我将其称为"时间管理大师"。它利用之前所有描述的方式以消除分神，完成更多工作，并将所有内容整合成一个核心控制方法。用游戏为工作时间加点料，我自己的个人经历证明，这一点出奇有效。

在该部分中，你将发现：

· "仿佛"策略如何重新定义你与时间、工作、销售和生产力的关系。这个极度有力的方法会转变你的思维模式，使其更容易适应更加高效的习惯。

· 如何创造趣味可行的转型性"仿佛"试验，同时又能获得显著效果。

最后，你将有机会读到《时间大师宣言》，一份所有想要在短时间内销售更多的人的行动号召。采用这种全新思维模式，你会在花费较少力气的同时提升效率，从长远来讲。

目标：精通那种能让你对时间做出更优决策的思维模式。

18 用游戏解决问题

有时，你会偶然发现一种新的方法，它能改变你已知和能想到的一切工作方式。

当了几个月的"高效女士"，这种时刻循规蹈矩的状态令我十分疲惫。我最近在 Yesware^① 的博客中读到了一篇名为《为胜利而战》的文章，这激发了我的灵感。我思索着，如果能用"游戏化"为工作加点料，那一定非常有趣。如今，许多销售组织运用游戏化技术进行内部激励，让团队成员进行良性竞争，从而提高销售额。这些应用程序可以跟踪进行中和已达成的交易。销售人员可以在排行榜上清楚地看到自己和同事的销售业绩。每当销售人员达成一笔交易，随着铃声响起，其他组内成员会收到通知，随后大家会向该名销售人员表示祝贺。然而这些程序是为团队设

---

① Yesware，一款营销邮件跟踪工具。

计的，我却孤身一人。

我坚持不懈地浏览了大量帮助提高工作效率的应用程序，却没有一款让我眼前一亮。而且，没有一款针对销售设计的应用程序。就在这时，我决定自己打造一款游戏，它操作简单、技术含量低且趣味性十足。我用了数周时间来学习成功的游戏设计案例，这时我才发现，这一领域比我想象中要复杂得多。于是，我便开启了创新模式，这是一种可喜的改变。

第一步便是确定游戏目标。我的目标十分简单：在较短时间内完成更高销售额。但是，我还需要创造游戏主角、对手、可以持续进行的任务、晋升等级、激励措施、追踪系统和奖励机制。

我决定先创造我的人物角色。一想到游戏中的角色（游戏中的另一个我），吸血鬼猎人巴菲首先映入了我的脑海。由于我并不喜欢杀手的形象，这一想法很快就破灭了。接连几天，我一直在仔细思考，在限时游戏中，我究竟想要扮演怎样的角色。渐渐地，一个新的形象浮现出来：这个角色知识渊博，并且像巫师一样拥有魔法超能力。她身着一袭白色长袍，外披红色披肩，手里还握着一根权杖。

进入《时间大师"吉尔"》这款游戏。英雄角色能够灵巧地哄骗并压制那些偷走她宝贵时间的敌人（像是分神博士和魔鬼艾米莉亚）。同时，她还可以轻松高效地达成不可思议的功绩。虽然她的速度比不上超速子弹，但她却能在一天之内完成常人难以想象的超多任务。

接下来的几个星期，我一直努力打造这款将会改变我命运的"游戏"。过程远比我想象中要复杂得多。而且，我并不喜欢在游戏中时常与敌人厮杀战斗，这似乎使得他们能够更加影响我的生活。追踪系统也很令人头疼，即便奖励自己一身新衣服、一瓶红酒或是一个下午的闲暇时光，都无法激起我的兴趣。这些完全不足以令我做出长期的改变。显然，作为一个游戏设计师，我是失败的。

但一个意外的事物确实产生了影响。我在一张大纸上写下了"时间大师——吉尔"，并将这张纸贴在了办公室的墙上。每当我走进办公室看到这几个字时，便会停下脚步，脸上也会浮现出笑容并且站得更直。就像我走入了这个荒谬的角色并且很享受。当我是"时间大师吉尔"时，我能完成更多事，也不会觉得困难。

我觉得我疯了。我不敢将其告诉任何人。毕竟，我是那种高度务实的人，不是那种生活在幻想中的蠢人。

超前叙述一个月。我完全投入在这一游戏中，它既不有趣也没有激励作用，但是我仍然以"时间大师吉尔"的身份秘密工作着，并且完成了惊人的工作量。我没有径直打开邮箱，而是花了几分钟时间查看日历，真正思考接下来的一天。看看我的主任务列表，我会关注这一天想要完成的工作。我会选出我的那件事，然后选一些其他如果有空可以做的事。随后，我会在日历上按块标记时间，使其不可更改。

随着时间的流逝，我一直遵循着我的计划。我定期休息。偶尔我会受到引诱，偷看一眼我的电子邮件，查看"领英"或是消失在我的动态新闻中。但是，时间大师温柔地推着我回到真正的工作上去，即使在我去年度销售会议演讲的路上也没能击败我。

作为"时间大师"，我比以往更重视时间。它是我的最大资产，是我主要的资源。我失去的所有时间都被浪费了，日后不能再使用。我也对如何计划日子、如何处理出现的挑战以及如何让自己保持活力有了更为深刻的直观认识。我更为专注、更具策略也比近几年更富创造性。我永远不会忘记，我意识到扮演仿佛我就是"时间大师"可能真的有些效果，或许这真能成为对大多数人都通用的方法。

那是9月一个美丽的午后。我出去散一会儿步，听着《倒时钟》的作者，哈佛心理学教授艾伦·朗格(Ellen Langer)博士的播客访谈。她讲述着自己在职业生涯早期，在一群年长的男人中进行的一项著名实验。

朗格想要看看，如果在心理上将时间倒转，那么生理上的时间会不会也能倒转。她将实验对象分为两部分："时间旅行者"与控制组。在实验开始前，她测量了每一位实验参与者的力量、姿态、视力、认知技能等等。

在为期一周的研究中，她特许时间旅行者重活过去。他们被期望"仿佛"生活在1959年，而不是1979年（当年），在去往疗养中心的路上放起了20世纪50年代的音乐，当他们抵达时，这些摇摇晃晃的长者需要自己拿着行李回到房间。毕竟，20年前他们能够做到。

实验进行时，时间旅行者们看着50年代的电视节目，听着过去的电台节目。到处都是"当时的"《生命》杂志和《周六夜邮报》。他们谈论着那个年代的总统艾森豪威尔、冷战以及体育赛事。所有谈话都以现在时进行，因为这就是现在发生的。

当控制组在疗养中心时，他们需要在一周时间内回忆20年前"美好的过去生活"。在他们重新经历50年代世界上发生的事时，周围的一切仍旧维持现状。

随着日子的推进，朗格发现了巨大的变化。"时间旅行者"走得更快，也更有自信；有些人甚至丢掉了拐杖。他们的态度发生了改变。实验结束后的测试表明，他们的记忆力得到了改善。血压、听力、视力和智力也是如此。"时间旅行者"在每个单一范畴内的表现都超越了控制组。

扮演"仿佛"年轻20岁的人，让时间旅行者变得年轻了。而且，他们不需要做其他事情。

我被该结果迷住了，因为它非常真实地反映了我的"时间大师"体验。我需要了解更多。

19 用 "假装" 推进效率

美国哲学家威廉·詹姆斯（William James）曾经说过："如果你想要质量，要像你已经拥有了一样。"但是，真的有科学依据可以支撑这一观点吗？

《仿佛原则》作者，英国心理学家理查德·怀斯曼（Richard Wiseman）博士说，答案绝对是肯定的。他在书中引用了大量研究，研究表明只改变习惯就能转换情绪。比如，微笑的动作能很快让你更加开心，你不需要迫使自己更加开心，你不需要有开心的想法，你只需要通过微笑假装自己"仿佛"很开心，那么你就会感到开心。如果你需要更多意志力，情况同样如此。你只需要握紧拳头（当人们阻止自己向诱惑屈服时的动作），你的抵抗力就会增加。

这使我想到了我在早期销售生涯里使用的若干颇有效果的策略。虽然它们非常有用，但我多年来没有将这些策略告诉任何人，因为这让我感觉尴尬。

我过去非常害怕突然造访。当我到达潜在客户的办公室时，我会在车里坐30分钟，因为我不能走出去面对未知的情况。一天，一首歌闯进了我的脑海，歌词写道，当你感到害怕，你只需摆一个"无所谓的姿势"，没有人会知道你的真实感觉。我决定试试看。我走下车，摆出一种无所谓的姿态，看起来仿佛我完全可以接受这个世界。几分钟后，我漫步在这栋楼里，感觉自己焕然一新。令我最为惊诧的是人们对我的反应，仿佛我是一位有能力的专业人士，因此我必须要扮演成这样的人。

随后，我便开始不时"借用"吉姆的大脑。吉姆是一位非常出色的代表，我在接受他的训练。我折服于他渊博的学识以及销售悟性，希望有一天自己也能成为像他一样的人。每当我陷入困境，我就会深呼吸，问自己："吉姆会怎样做？"然后就会像他一样行动。这样，我就能轻易获取自己在当时的职业生涯中不能想到的想法与问题解决策略。

当我读到俄亥俄州大学教授乔治·凯利（George Kelly）博士的著作时，我感到非常激动，而这就是原因。他认为，一个人的观点可以在一个相对较短的时间内发生改变。比如，一个害羞的人可能会认为自己很外向，一个一直有财务问题的人会变得对财务很精明，一个小气的人会变得很大方。

在他的实践中，凯利使用各种策略来帮助人们定义他们想要拥有的性格。他们会长时间盯着镜子里的自己并询问："我看到的这个人和我想成为的那个人有什么不同？"他们会将自己与熟识的人进行比较，试图寻找自己想要消除或添加在个人形象上的特性。然后，他们会积极地为自己设计全新身份。有些人选择大变脸，而有些人只做一点改变。

当患者完成全新身份设计，凯利就会让他们进入第二阶段，扮演自己想要成为的那个人。他们需要扮演整整两周。结果呢？在扮演这一段相对较短的时间里，人们忘记了自己是在扮演。他们开始觉得真实，仿佛这就是他们自己。扮演另一个人使他们更容易改变。

这确实是我的体验。在我成为"时间大师吉尔"前，我盯着自己显而易见的生产力缺点。我花费数小时研究高效生产人士的工作方式。我复制着他们的行为，当然有了成效。但由于"时间大师吉尔"模式中卡着一幅精神图像，这不断为我专注任务带来挑战。

通过创建"时间大师"，我积极地为自己设定了一个全新身份，恰好是凯利的推荐。因为这是我亲身体验的游戏，我只是开始游戏，毫不因此感到焦虑。

在我每日踏进办公室的那一刻，我就成了"时间大师"。我会深呼吸几次以吸收我的新智慧。我专注而冷静，让自己远离自己创造的分神。我疯狂忙碌的状态眼瞅着消散于空中，我不再感觉是在枪杆子的逼迫下完成工作，我享受发现提升生产力的新方法的乐趣。

几周过后，我开始享受不受打扰的工作时光，并能做更多事。我慢慢开始重新与内心中的自己建立联系，我开始意识到，我能以"时间大师"的身份来处理一切。

了解生产力策略和技巧是很重要，但不够。换个方式看待自己非常重要，在开始时，你无须相信这是真的，你只需假装它"仿佛"是真的就行。

新身份试验

想想你认识的真正高效的人，他们能完成很多事，但是从未给别人留下他们陷于疯狂忙碌的印象。你可以花几分钟，将他们工作、思考、计划、制定策略、应对挑战等的方法记录下来，然后每一天"假扮"这个人。当你完成后，想想：你发现自己在全新人格化身中做了什么？与你正常的行为模式有何不同？

20 用"假装"减少阻力

对我来说，"时间大师"模式改变了一切。数月以来，我都在努力尝试变得更有效率，没错，我的生产力得到了显著的提高，但这种感觉却稍纵即逝，好像如果我不特别注意，我就会退回原来的工作方式。

这也是为什么我对转变思维带来的巨大作用感到如此惊讶。许多因素都在起作用，帮我成为一个全新的人。我并不是某天突然一觉醒来，假定了一个新身份。相反，我在不知不觉中为我的成功奠定了基础。

我认为"时间大师"异常有效的原因如下：

知识深度。在数月的研究中，我掌握了成功转变所需的深层知识，我做了无数的试验，我尝试了各种工具。我知道需要了解什么。这就是我将头半本书奉献给这些策略的原因。为了成为一个"时间大师"，必须全面了解高效人士的做法及其原因。

回归简单。扮演"时间大师"最终是为了回归简单。当你已经筋疲力尽，并且试图使用那么多不同的工作方法时，这其实很难。这也是为什么几乎所有人都回归原始状态。但是作为"时间大师"，所有我试图改变的各种行为都包含在那个伞状术语下。它只需要我思考"时间大师"将怎样做。

创建新事物。创建新习惯要比摆脱糟糕的那些容易得多。通过创建"时间大师"，我关注未来，而不是与过去的魔鬼作战。我不再抗拒改变。每一天我都在创造新事物，并且我越使用它们就会愈发强大。

充满乐趣。此前，试图采用所有这些新技巧对我而言非常困难，需要大量训练。但是扮演"时间大师"却有非凡的乐趣。当你拥有美好时光后，你会更可能在第二天、第三天重复这个行为，你的新行为因此成为你的一部分。

短小间隔。我从没有说过，"我的余生将要表现得像'时间大师'一样"，一直以来都"只是今天"。因为我需要完成特定工作。没有了永远的负担，我只是自由地做着今日的工作。当明日来临时，我只是再做一次，这很有趣并能帮我提升生产力。今天，许多行为已经融入了我的日常工作方式中，我虽不总是处于"时间大师"模式下，但是我可以瞬间切换至该模式。

"扮演"是一种更容易改变行为的方式，对此我感受颇深，我不需要首先改变我的态度。我甚至都不需要相信我尤其善于高产，我只需要在它开始变为现实前"假装"一小段时间。

我强烈鼓励你试试看，或许不是先从生产力开始。最近，我想要减减肥，当我外出与朋友吃饭时，我点餐时"假装"自己已经轻了 20 磅。少点菜，这很容易，这就是扮演"仿佛"的魅力。

你不妨也从一些小事上"假装"看看。在此我列出了一些想法，看看它们在短期内对你产生了何种效果，比如一个会议或是活动。在此之后，延长试验的拓展周期，可能是一整天或是一周。确保每次做得好时庆贺一下，这有助于帮你发展新习惯。

当你做好准备后，它会拼命确保你在短时间内销售更多。我们会在接下来处理这一问题。

"假装"试验

当你推销时，你通常需要改变你的态度。研究表明，这些"假装"策略实际上有效。给它们几分钟时间发挥作用。

· 为提升毅力：坐直（不要没精打采），昂起头。这是有决心的人的身体状态。不要太快放弃。

· 为拥有更多意志力：双臂交叉，握拳或捏一根铅笔。让肌肉紧张起来能够提升坚持到底的决心，这能帮你成为有毅力的销售人员。

· 为增强信心：在开始重要销售会议或访问前，做一个权力姿势两分钟，自信能够通过姿势传染。

· 变得更开心：大笑两分钟。没有什么特别原因，就是大笑。开始时"嘿嘿"地笑，随后"哈哈大笑"，开心意味着能完成更多。

将你的发现记录下来。看看你是否可以自己发现新的"假装"策略。

21 用"角色扮演"提高效率成为时间大师

我花了很长时间才将我的"时间大师"角色带入公共视野。可以说，事实上，直到我发现身边的研究团体在"假装"，我才站出来承认。自那时起，我与众多销售人员、企业家和普通人分享了这则故事。所有人都惊讶于"假装"的力量。

不过我发现，"时间大师"能起作用是因为这是我专门为自己量身打造的。我努力思考了很久最能够代表我的角色，我本可以选择"销售大师"，但这不是我正在争取的事。我本可以选择"分神杀手"，但是这不符合我对自己的期望。我想要朴实无华的智慧、安逸与深度，这更像我。

当我定下来是"时间大师"时，一个全新的思考方式出现在我眼前。这种思维灵感来自于《时间大师宣言》（在本章结束时可以找到）。这是我的一份信仰、动力和意图的公开宣言。希望你也可以在其中发现一些价值。

　　这份宣言其实是一份行动召唤。每天读一遍宣言可以激励我以另一种方式进行工作。更令我着迷的是，我可以以一个全新身份来撰写它，深入挖掘我内在已经获得的知识。

　　现在换你也试试这种策略了。

"假装"试验

　　为了让它能发挥作用，你需要自定义该挑战。下面是你可以遵循以开启改变生命之"游戏"的步骤。请注意，我并不是说要在里面混入敌人、关卡、奖励等内容，那些并不重要，只会让事情变得复杂。这是一个你要参与的"假装"游戏。

　　1. 选择你的任务。所有游戏在开始时都有一个挑战。选择一个在接下来的几周里你想要处理的生产力挑战。比如你想要减少分神，或者你要让生活更为系统化。

　　2. 创建你的化身。你需要一个可以激励你的人物角色。这是你在该试验中将要扮演的人物，希望你能在几周后找到内在隐藏的自己。你可以从探索这些区域开始。

　　今日：你现在如何看待自己与这部分个人生产力间的关系？当你照镜子时，你的优势和弱点是什么呢？

榜样：想想你要成为的那种人。回想你在本书中学到的内容。想想你认识的能在短时间内做很多事的人。他们做的哪些事能包含在你的工作中？

性格：定义你的化身的性格、态度与行为。什么最重要？他/她代表谁呢？

名称：选择一个代表你形象的名字。可以是一个恃强凌弱的海盗、一位女神或是《星球大战》中的一个角色。

备忘：每天创造一些帮助你进入角色的事物。可能是一个记号、图片或是标语，一切能够帮助你转换至新身份的东西。

3. 开始游戏。开始享受乐趣吧。今天开始扮演，"假装"你就是化身。仅此一天，看看自己感觉如何。这是在测试自己的新形象，如果你遇到任何问题，你可以做出调整。你并没有失败。这只是一个游戏。调整后不妨第二天再试一次，然后是第三天……

每天你都可以想想成为该化身的感觉如何，你学到了什么以及你想要怎么改变，你只需观察事情如何变得不同。

根据凯利博士所说，大概两周时间，你会开始看到全新角色的特性出现在自己身上。如果你对此感到有趣且这能够帮助你做得更好，那么就一直进行下去吧。记得庆祝每一个成就，哪怕是很小的成就。当你做了对的事后，大声（或默默）喊出"干得好！"

进行"假装"是挑选新技能和行为的全新方式，是一种转变你思考和做事方式的最简单的思维模式。就我个人经历而言，这是我发现的最容易、最好用的改变方式。

我创建这份《时间大师宣言》并且现在靠此工作、生活。

时间大师宣言

我创造自己的生活，而非让生活碰巧发生在我身上。

我珍视时间。这是我的全部所有。时间流逝，便不再复得。

每日起床，我焕发活力，准备好愉悦地开始工作。

在一天开始，我会先做重要的事。清理我的优先事项。

我会思考进行的工作以及原因。疯狂忙碌是愚蠢的。

我按"时间块"进行工作。这令我顺畅。

我善用工具，他们帮我完成更多。

我将整日日程安排记录在日历上并按需调整。

我创造有趣的挑战让自己实现目标。

我不断试验，寻找完成各种工作的最佳方式。

在一天之中，我奖励自己休息时间，以此来恢复精力。

为防止分神，我安静地坐在这里直到分神事物消失。

我不能完成所有事。我委任他人或拒绝执行。

在每日结束时反思。

我接受为自己创造理想生活的责任。这一切都取决于我。

访问 www.jillkonrath.com/ time- master 下载 PDF 版《时间大师宣言》。

第 **5** 篇

||||||||||||||||||||||||||||||||||||||||||||||||

高效能销售员的秘密武器

我们并非机器人。我们只是希望自己全身心投入工作的普通人。为发挥最佳水平，"添加秘密调料"如减少分神和设定高效工作日一样重要。或许它们会更为重要，因为是它们赋予我们生命。

不幸的是，在我们疯狂忙碌、结果驱动的销售组织中，这些想法经常被忽视。我们只是一味努力工作，多打电话，销售更多物品。人们会夸耀自己投入的大把时间以及少量的睡眠。当一个人过度劳累，就会有人让他们"勇敢一点"来处理它。如果真这么简单就好了。但我们终究只是普通人。

在这部分中，你将发现无数秘密调料策略能有多种功效：

·为你增添活力，使你感觉更好。当生活美好时，乐观指数提升；当你感觉自己有个积极的未来时，销售额就会上升。这是个美好的循环。

·提升你的思考能力。想要出色地完成这项工作，你不仅需要头脑清晰，还需要新鲜观点以及全新选择，从而应对经常面临且无法避免的各项挑战。

这些策略将显著影响你的生产力和表现。尽管在销售文化中这些通常不会被提及，但它们却是我们做一切事的基础。忽视它们，你需自行承担风险。

目标：提升工作质量，改善自己对工作的态度。

22 什么值得做

　　身为一名销售人员，我们需要意识到我们的重要性。没有任何一个销售能在频繁的电话、邮件轰炸，抑或是推销中保持持久的动力。我们开始感觉自己像售卖机器。一些外部因素试图令我们更具生产力，像是额外红利、排行榜、游戏、闪电战和奖励，然而它们也就能在短时间内奏效。

　　我们已经谈论过了解你想要实现在短时间内销售更多目标的原因的重要性，了解你的销售对他人产生积极影响会增加你实现目标的能力。这能帮你力量倍增。

　　《给予与回报》的作者，沃顿商学院教授亚当·格兰特（Adam Grant）以呼叫中心的员工为研究对象做了一项研究，他们的工作是在夜间给学院的校友致电，并询问对方是否可以为未来的奖学金受助者提供资助。在试验中，教授将致电者分为两组，其中一组没有任何变化的为控制组，另一组人有机会与实际奖学金受益人见面。

一个月后，那些见过奖学金受益者的呼叫中心员工有了惊人的变化。他们更努力工作，每小时打的电话是之前的两倍，他们筹集的资金数量是原来的五倍。在他们会见受益者之前，每周可筹集 400 美元，在他们会见受益者之后每周可达 2000 美元。

了解我们的作用对取得成功有着巨大的影响。

近日我在 Rimini Street[①] 销售碰头会上发了言，Rimini Street 主要致力于将潜在客户从科技公司的束缚中解放出来。类似 Rimini Street 的公司会向客户收取离谱的软件维护费，然而他们却能帮客户节省至少 1.5 倍年支出。除此之外，他们提供出色且更为优质的服务。在 1 至 5 的评分级别中，Rimini Street 的客户评分为 4.8。客户可以使用节约的资金开拓新的竞争优势。努力的员工，正确的发展轨道，这样的公司有何理由不发展呢？

近日，我有幸和一家致力于全球医疗技术服务的领军企业的销售代表面谈，谈及在使用他们的医疗设备后，病人生活发生何种改变时，他的眼中已经涌上了泪水。他分享着一个又一个故事。他告诉我不止他一人因此受到了激励，整个团队都有这样的感受。公司的飞速发展，与公司对个人真实的影响力有关。

网站设计公司 Media Junction 总裁翠西·莱萨德（Trish

---

① Rimini Street，一家提供全球企业软件服务的供应商。

Lessard）和她的团队已经完全投入在量化影响客户商务中。他们近期更新了我的网站，他们优化了我的网站，还成功地转换了我在市场中的位置，也为我吸引了更多人。Media Junction 的主页上写着："我们定制网站，并且客户认为我们擅长此事。"他们说得对，而且他们像黑帮一样发展壮大。

当今大多公司并不看重让销售人员了解他们传递的价值，他们认为自己出售的是激动人心的技术、卓越的服务或创新型方法。他们大错特错，甚至还被蒙在鼓里。令潜在客户改变的唯一方式是给出坚实的价值主张，即清楚表达当一家公司使用你的服务后获得的回报。

如果你不知道你公司发挥的作用，那么花点时间去了解它，回报将会非常巨大。最好去采访下你的客户，尤其是过去 6 至 12 个月里选择与你合作的那些，看看你如何帮助他们，问问他们达成的结果。探索一下你的做法是如何帮助他们提升收入、减少成本、提升效率、缩减风险。随后，在你的电子邮件、电话信息、谈话、演示和提案中使用这些信息。

最为重要的是，让这些发现成为你的个人动力，你在帮助他人，你在发挥作用，你正在做一件紧要事。

我每天持续提醒自己这一点。写书很困难，我不是个天生的演说家，而且，我在与生产力斗争。但是我一直坚持，从未放弃，因为我知道自己在为更好的世界贡献力量。正如《你充满电了

吗？》的作者汤姆·拉思（Tom Rath）所言："工作是为了实现什么，
而不是简单地做什么。"

价值浸入试验

确定一位要访问的客户，最好是不久前刚开始使用你的产品
或服务，且已经看到效果。告诉你的联络人，你真的想要了解你
的贡献如何影响他们的生意。在谈话前，准备与关键性影响区域
相关的问题，使用它们指导谈话。保持关注和好奇心。也要愿意"脱
离脚本"，探索你或许未曾了解过的区域的价值。

23 睡眠成就效率，睡眠破坏效率

我受邀参加了波士顿的 HubSpot① 的大型论坛。在开幕式主旨演讲期间，出版人阿里安娜·赫芬顿（Arianna Huffington）谈到了领导力、成功与睡眠。她分享了因缺少睡眠导致糟糕决策、降低生产力和健康问题的几则故事。她谈到了睡眠的功效：创造力、精力和新鲜的想法。当她不经意间说出那句最令人印象深刻的台词时，我们都笑了，即"睡眠是一种表现提升工具。是时候让我们一路睡到顶了"。

当今许多销售都在努力工作，试图达到指标。为此，他们牺牲了睡眠。

成年以来的大部分时间，我会说："我勉强能睡上六个半小时。"我这样说的意思是，我认为我将最佳工作状态带到了

---

① HubSpot，一家入境营销供应商。

工作中并能出色完成任务。结果，我熬到深夜并且起得很早，确保我能获得最低限度的睡眠，甚至能多睡一会儿（我睡眠并不好）。

我努力在短时间内完成更多事，我开始怀疑这些时间是否够用。赫芬顿的演讲不断在脑中重演，我想要自己检验研究成果。

我发现的第一件事就是，我并不是唯一拥有这种睡眠习惯的人。在一份盖洛普研究中，美国人表示他们每晚平均睡眠时间为6.8小时，比70年前少了整1个小时。另一份芝加哥大学黛安·劳德代尔（Diane Lauderdale）所做的研究显示，她研究的669名中年人表示，他们每晚睡眠时间为7.5小时。但是，在使用腰部检测器为他们进行了一段时间的测试后，结果显示他们真正的睡眠时间只有6.1小时。

这额外的一两小时重要吗？科学家称绝对重要！在夜间大部分时间，我们的大脑都忙于工作。事实上，我们睡眠时间的80%，大脑都比白天还要活跃，在这期间，它会将新信息归档。它会不断回放我们正在学习的内容，确保我们对此印象深刻，并不断寻找解决棘手商务和个人挑战的新方法。

真正恼人的事就在这，如果我们睡眠"不足"，我们就很难专注在工作上。我们会倾向于做更多不动脑的任务并更容易分心。当我们学习新事物时，也就会花费更长时间。缺觉甚至会降低食欲，也就是说，我们的大脑没有获取在最优层级运作所需的葡萄糖。

那并不是我想听到的。我对我的睡眠时间和习惯感到满意。我一点都不想改变自己身上的坏习惯。但是我决定做个小实验，看看每天晚上的睡眠时间会如何影响我的生产力。

大约进行试验一周后，我有了可穿戴设备 Fitbit 来帮我更好地记录我的睡眠时间。尽管并不完美，但它能为我提供一份完善的每日报告，上面记录着我的睡眠时间、醒着的时间以及焦躁不安的时间。

在接下来的几天里，我记录着我的睡眠如何影响我的生产力，我尤其关注每天上午的状态、面对的工作类型以及我的工作效率。下面是我的日志示例。

6.5 小时：我很早醒来，试图继续睡但最后还是起了。在喝了三杯咖啡后，我的脑袋还是不能火力全开，要花很长时间才能完成任务。

7 小时：起床时感觉头晕眼花。喝了几杯咖啡后，我查看了邮件，在强迫自己散步前我玩了几局"猜词游戏"，有 1.5 英里我都感觉精神恍惚。随后，新鲜想法终于开始出现了。

5 小时：毫无价值的一天——完全是个躯壳。

7.75 小时：开始时觉得头晕眼花，但这种感觉并没持续很久。今天我可以很快开展工作，并且非常高效，我完成了许多工作。

6 小时：我因为要搭乘早班机无法入睡。我想要在飞机上工作，但是只完成了一小部分，很难集中精力导致进度落后。

7.5 小时：晨间我感到精力充沛，许多会议日程需要开始运作。随着一天时间的流逝我失去了一些精力。

8 小时：仅仅 30 分钟我就完成了大量工作。不可思议。

这样做一个月后，我发现，睡眠真的会影响我的生产力。如果我的睡眠时间超过 7.75 小时，我这一天就会非常棒，势不可当。如果我睡不到 7 小时，我的工作质量和数量都会下降。

显然，我需要改变。这一次，我尤其想要这样做，因为我感受到了深刻的变化，但是改变并不容易。基于无数睡眠研究专家的建议，我开始做出下列改变：

·设定具体的睡觉时间，像你儿时一样，并坚持执行。如果你在早晨 6:30 起床，那么就计划在晚间 10:00 睡觉。如果你想要 8 个小时的睡眠，你需要计划出 8.5 小时睡眠时间，另外一个小时是你的宽限期，以便让自己放松下来并入睡。在晚间 11 点我就躺在床上。

·避免夜间沮丧，在睡觉前两个小时不使用设备（电话、电脑、平板电脑）。使用设备你会更难入睡，你的快速眼动睡眠周期变短，于是在早晨，你会更难醒来。为减少夜间不良光线，我在笔记本电脑上使用了一款能根据时间变化改变屏幕色温的软件。此外，小型设备会射出较少光线，因此通常你可以关闭光亮。

·不要一直工作到睡前。至少在睡觉前一小时停止工作，让你的思绪放松下来。

·在床边放置笔和本。在你准备入睡时，如果有想法突然闪现，将它们记下来。这样，你在早上就能想起它们，而且这又不会令你无法入睡。最近，我得到了一根内置 LED 灯的钢笔，因此就可以在黑暗中写作了。我超爱它！

我关注着我的睡眠习惯。我的睡眠习惯在改善，当我犯错或是没睡好时，很快我就能感觉到其对我的生产力、思维，甚至是心情产生的负面影响，我在努力一路睡到头。

睡眠追踪试验

记录你 30 天的睡眠情况。注意观察你的睡眠模式如何影响你的生产力、思维清晰度、创造力、问题解决能力和态度。问问自己："我需要多长时间的睡眠才能保证最佳状态？我的效率从哪里开始下降？"

24 用业余活动激发工作活力

当你感觉深陷泥潭，你会下意识更为努力地工作。这在短时间内有用，但这种状态不能持续，你会开始疲倦、失去希望、停止成长并且没有精力做更多事。因此在晚间，当你完成所有其他事务后，你频繁更换电视频道或是在设备上开小差，都不能令你重获新生。

有一段时间，这便是我的生活。我并不喜欢，也不知道如何应对令我筋疲力尽的工作量。有一天，发生了一件古怪的事，我开始深思能够更为成功地处理事务的这些年。当我的孩子还小时，我在学校担任两支"目的地想象"的团队教练，一个致力于创意性问题解决技巧的项目。从学年开始至 2 月区域竞赛，两支队伍每周能见三个小时，每次会议都需要几小时的准备时间。此外，我还运作着总共有九支队伍的整个项目。

当我的孩子长大不再参与这个活动后，我开始担当评委，加入州咨询委员会，并且发起全新的资金筹集倡议。我与朋友一起发起女性公益性活动，创建网站，每月发布两次新闻并从事规划工作。2008 年经济崩盘，我写了本书并发起了一个为期 18 个月的行动，以帮助人们更快重新工作。为了消遣，我每周都会去打几次壁球。

我如何才能在空闲时间完成所有事而又不感觉筋疲力尽呢？在我思考时，我意识到，所有这些"消耗时间"的活动其实十分有效：

·激励我，且程度远超出我作为一个主动参与者的预期。

·提升我的生产力。我需要更为聪明地工作以完成我的使命。我不能浪费光阴，去做不重要的活动。

·扩充我。我投入了大量空余时间学习新事物，许多事超出了我的工作范围，帮我更好地完成现在的工作。

实际上，这些"额外"工作并没有榨干我，反而让我更有活力。我乐此不疲。现在我成了一个苦工，我没有主动做什么的时间，也没有一点娱乐时间。

处理这种复杂生活方式的唯一方法就是去做帮你找回精力的工作。志愿工作令我感觉良好，事实上，近期沃顿商学院的研究显示，花时间从事志愿工作能提升我们的安逸感。心理学家凯西·蒙吉内（Cassie Mogilner）的研究表明，这也能增强个人能力和效率的感知力。

我们需要一些有盼头的事，令我们复原，也能帮我们解决全新挑战。当我们从事业余爱好、外出、玩游戏或做一些我们喜爱的工作时，我们就能提起精神。

几年前，我的女儿凯特开始玩水下曲棍球。如今，她每周练习两次，参加横跨北美的锦标赛，甚至参加南非的世界冠军赛。她喜欢参与这些活动，这能令她更快地完成工作。

问问《幸福原动力》的作者，哈佛心理学家肖恩·埃科尔（Shawn Achor），他的研究表明，积极的人几乎每一次都能获得更好的商务成果。他在环球大会 TED 旗下的 TEDx 粉丝会中说道："你的智力提升，创造力提升，精力提升。实际上……当大脑处于正面状态时，其效率比处于负面、中立或压力状态下要提升 31%，因此，你在销售时的表现会增强 37%。"

如果我们希望找到幸福，我们就需要扭转该公式。首先我们需要将令我们内心感觉良好的事物安排进日程中。

生活不能全是工作，我们不能只关注销售数字，我们也需要玩要。对于目标导向、数字驱使的我们来讲，这是真正的挑战。我们想要击败竞争者，无论我们在做什么，我们都想要处于排行榜前列。

娱乐国际协会创立人斯图尔特·布朗（Stuart Brown）博士称，关键是关注体验，而非完成目标。你可以开个玩笑，玩乐器，做游戏,与孩子或宠物玩耍。在工作中,你可以活跃沉闷会议的气氛,与同事闲逛一会儿,或是与同事角色扮演一个有趣的销售场景。

开玩笑能够激发创造力,帮你以全新方式看待问题,构建更为强壮的伙伴关系,使你更有活力。

对我们这些疲惫不堪的人来说,这是一条逆反的建议,但如果我们想要在短时间内销售更多,我们急需这样做。现在,我会在日历上为帮我充满活力的事安排时间。我想要在下个夏天旅游,我已经在日历上为此留出了时间,这些并不是"罪恶消遣",它们帮助我以最佳状态投入工作。

放弃试验

本周,主动从事一件与工作无关的活动吧,哪怕只做一个小时。帮助邻居、家庭成员或同事。每次这样做,你会获得更多回报。

25 学会借力，才能更省力

CEB2015 年年会的热点话题，就是如何帮助当今不知所措的买家。关键就在于销售人员需要使决策过程尽可能简单化，我在《急速销售》一书中主要谈论这一点。

活动结束后，我与《挑战者顾客》的作者尼克·托曼（Nick Toman）和布伦特·阿达姆松（Brent Adamson）谈论了 CEB 下个主要研究项目的重点。他们称，他们的新研究领域为"不堪重负的销售人员"。在几个月后的一次谈话中，我们谈论了日益增长的销售工作的复杂性，管理公司内外一众人的需要以及科技、市场等变化带来的挑战。

据托曼所言，CEB 的研究表明，顶级公司也会积极关注他们销售人员的简单化工作。他们的明确目标是将最多时间花在高产销售活动（研究、准备、制定策略和会议）上，为做到这一点，他们通过新技术和工具对繁重的录入工作进行了简化，为的是尽可能多地消除占用销售时间和脑力的活动。

不幸的是，我们大部分人不为这种公司工作。我们会深陷各样事务，像是解决客户问题，处理账务问题，获得法律部门许可以及寻找合适的资源。这不仅在浪费我们的宝贵时间，也增加了我们的压力。我们的创造性和策略性思维的能力会因此变差，也就是说，我们的表现会低于我们的实际能力。

我们需要帮助，我们也需要寻求帮助。我们中的大部分人对这种做法持保留态度，想着这就是我们的工作，但是，你真正的工作是出售产品。

如果你是新来的，你可能会花更长时间才会寻求帮助。你不想让自己看起来无法胜任你的工作。但是请记住，你是新来的，没有人期望你能了解公司中的每项事务。你不知道谁能够解决问题，如果你不寻求帮助，那么你会在错误的人身上花费大量时间，做出错误的决定，使事情变得更糟。

内部障碍

有时，与同伴交谈是最好的开始方式。这能帮你找到法律部门的指导，解决棘手的客户问题，或获得需要的技术性资源以制订一个解决方案。一切要看你是否在与公司里对的人共事。

　　如果你没有什么新鲜的想法，是时候让你的老板入伙了，让他为你扫清障碍，让你有空处理高收益的销售活动。但是，你不能莽撞地提出迫切帮助需求，这会事与愿违。你也不想让你看起来行为不当。

　　如何设计对话至关重要。当你描述发生的事情时，确保你遵循事实，不加入个人情感，不要责怪任何人。最后，让老板了解你希望让他做些什么。你应该细化出需要采取的行动和时间框架。你们的对话可能如下：

　　你：嗨，老板！我需要您的帮助。我尽最大努力想在本季度末达成与 Goliath Systems 的交易，但过程中面临着一些挑战。

　　老板：很高兴听到 Goliath 相关事务向前推进的消息。所以发生什么了？

　　你：我有如下几个问题……

　　目前我已完成的工作如下……

　　如果不关注这个问题，我担心……

　　我希望您能在以下方面帮助我……（具体措施以及时间框架）

　　你的老板需要了解这些信息来帮你摆脱困境，但愿你能摆脱瓶颈。就我而言，我见证过许多使用该策略发生的奇迹，以至于我经常在想，我为什么不早点用它呢。我怀疑是因为傲慢，因为我不想让别人觉得我无能。

战略性挫败

谁都不想让自己看起来愚蠢。然而通常，当销售人员面对不熟悉或困难的销售挑战时，他们往往沉默不语，不愿听从他人。我们不可能知晓一切。如果我们之前没有接触过特定销售场景，我们就可能在选择时毫无头绪。

如果我们开口询问，就能从各种渠道获得帮助。需要注意的是：如果你寻求帮助，你就不能自我防卫。不断强调"我做好了"只能将别人拒之门外。除了保持好奇心，试着找找看你可能错过了什么。

·与同伴一起开始。因为他们更了解你出售的产品以及销售人群，因此他们可以提供你没有想到的建议。他们不会过分关注结果，会远比你要客观得多。

·与其他部门的同事沟通。可以尝试同销售工程师、营销人员、客户服务、人力资源或是首席财务官接触，以获得工作上的新视野。他们的新鲜观点能开拓你的眼界，令你发现全新可能。如果你向IT人士推销，可能你自己IT组织内的某个人可以让你明白交易搁置的原因，以及你能再次推进交易的做法。

·外部资源也会成为无价之宝。我的好朋友"谷歌"也能在短时间内给我无数想法。过去几年，我也参加了各种策划群。策划群内有很多相关专业人士，我们每月都要聚一次。

每个人都会有固定时间来分享他们的挑战，回答其他小组成员需要理清的问题，并从团队中小组中得到反馈和想法。

商务环境的变化，很容易让人感到挫败。当出现新的竞争者，遭遇经济衰退或利率飙升时，即使顶尖销售人员也会为之一惊。这时，好的想法能将队伍凝聚在一起。定期讨论新方法，分享正在进行的工作，不要试图独自一人。

非生产性工作

如今，数百个工具能帮你提升生产力，像是"领英"、InsideView、HubSpot Sales、join.me、Yesware 和 DocuSign，可以为你节省大量时间，为你提供重要观点、提升效率，但这些工具需要花钱，而你的领导不确定这个投资是否值得，他们被科技威胁，或他们害怕销售反抗。

许多工具每月只需支付少量费用即可获得，如果你的公司不买单，那么你可以自己购买。因为这很值得。放弃老旧方式，这些工具能让你取得进一步成功。

不如做个试验，跟你的老板讲讲现在你如何做事，以及所需的时间和精力，让老板帮你分析问题。然后，你可以提出全新销售工具，解释一下它的作用以及你认为它有用的原因，并在接下来的几个月试试看它的效果。你可以向老板提交你了解到的内容报告，如果该工具与客户管理系统绑在一起的话会尤其有用。

所有人都喜欢试验并好奇结果，此外，这会帮你发挥工具的最大价值，最终使你在短时间内获得最佳销售效果。

寻求帮助试验

赶快行动！写下你现在真正需要帮助的那件事，花几分钟想想谁能帮助你，然后礼貌地通过短信、电子邮件、即时通信或是电话寻求帮助。倘若你得到回复，要心存感激。

26 "什么都不做"，才能完成更多

2015 年的某个周六下午，我抵达旧金山万豪酒店，这里人头攒动。我跌跌撞撞地进入了智慧 2.0 会场，这个活动聚焦于人与科技的关系。"领英"的总裁杰夫·韦纳（Jeff Weiner）的主旨演讲的重点并不是"领英"的价值，他将重点放在静念对于领导为何如此重要。自那以后我发现，许多各行各业的高层管理人员信奉静念活动，像是冥想和瑜伽。

静念，就是让你头脑中持续的聒噪安静下来（哈佛研究表明，我们 47% 的时间几乎都用于沉思）。静念力求让已经发生的情况不再重演，或是关注现在发生的事从而取代未来可能发生的情况。

近期研究显示，这些实践确实能够改变你的生活。华盛顿大学教授大卫·莱维（David Levy）发现，那些练习冥想的人在任务上专注的时间更长，也更少分神，这确实能提升生产力。

在威斯康星，健康心智中心神经系统科学家理查德·戴维森

（Richard Davidson）发现，静念让人们在思考时更灵活，想出更多创意。静念帮他们控制情绪，让他们能体恤他人，感觉更良好。静念帮你创造销售优势。

然而在销售时，你从没有听过静念的价值。在我们全力进取，需要立即看到结果的销售文化中，这就像是我们应该做的反面。我们感觉迫切需要立即采取行动，而不是静静地坐着，无所事事。当我们尝试新事物，却不能立即看到其效果时，我们会感到焦虑。

在过去的几年里，我试过每天练习冥想。当我读到博客中卡洛琳·葛塞尔（Carolyn Gsell）写的评论时，我的兴趣又被燃起了：

整个一年，在处理软件销售工作的同时，我还在进行癌症治疗。这是我与目前老板共事的第五个年头，我在这一年取得了最好的销售业绩。但我工作的时间显著减少。我怎么做到的？我学会经常冥想，每天清晨，在碰到电话和电脑前冥想一小时。

我赶紧通过电子邮件联系了卡洛琳，想要了解更多。她将癌症初期的自己描绘为"劲能兔"，但多次手术和化疗耗尽了她的精力，蒙蔽了她的想法。事情需要改变！她决定在接下来的六周，上午用来工作，下午用来放松，比如，阅读、写作和反思。在六周结束时，她成了一个非常与众不同的人。安静、冷静，能专注于重要事项。

回归全职工作后，卡洛琳仍在每天清晨冥想，也会在每天监控她的精力。如果她累了，她会小睡一会儿。现在，她说："我已经学会了如何少做很多事，却完成更多工作。我的创造力大幅提升，我非常喜爱我的工作，并在今年获得了有生以来的最多收益。"只是放慢速度，无所事事，她就达到了职业的巅峰。

我联系了唯一一个我认识的销售专家，希望获得更多启发。性能改进小组总裁乔纳森·伦敦（Jonathan London），他谈论并实践了静念销售。他告诉我："当你让思绪平静，你就发生了改变，你不再关注你的日程（或你的担忧），你更为冷静，更有激情，更能体会潜在客户的感受。这时，你的客户感觉更安全，更被理解，他们不再匆忙，他们更加信任你。"

他认为，即使在销售会前只是放空几分钟就能改变一切。当你感觉如坐针毡时，暂停一下，深呼吸几次。或者注意办公室中的噪音，看看正在发生的事而不只是关注自身想法，消除紧张情绪。这样一来，当你会见潜在客户时，你会更加放松，也会更加真诚地关注到他们的需求，这些都能带来更好的销售结果。

就几分钟真能起作用吗？当我试图练习静念时，我认为每天都要至少进行20至30分钟冥想，这是煎熬。我的思绪已经计划起未来的日子，以及我需要做的事，无关主题的随机想法不知从哪里蹦了出来。我不断看表，看看过去了多久。我感觉更加沮丧和急躁。

我决定尝试另一个试验。这一次，我遵循了B.J.福格的建议，专注于"小习惯"。我注册了他的免费五日电子邮件课程，并选择了想要加入我生活中的新想法。根据福格所言，学习新习惯的最好方式就是将其与每日要做的事情绑在一起，每日要做的事能成为触发新习惯的那个锚。我借用他的成功公式来练习培养静念习惯。

在开启电脑前，我会静静地在书桌边坐一小会儿。

锚（坐在书桌边）触发了新习惯（静念），我没有为其设定时间，因为我希望让这一动作越简单越好。否则，我就会不断看表或是想着我的静念时间何时结束。

第一次练习新习惯时，我真的很享受，我感到惊讶。当我上网时，我更加冷静，也更加专注于需要完成的事务。我保留了这一微小的静念习惯，甚至还扩充了它。在一天里，我会不时停下来静静地坐着，向自己报道。

总裁杰夫·韦纳在他的"领英"博客推文中写道，他使用的"最重要的生产力工具"就是每天在日程中抽出时间，理清思绪，无所事事。对于我们这些行为导向的销售来讲，这可能很困难，我认为他认识到了其中的意义。

什么都不做试验

确定一个每个工作日都有的习惯，你可以用它来触发你想要尝试的全新"什么都不做"习惯。在火车上找到座位，倒一杯咖啡，送孩子上学或是坐在书桌旁，都可以成为你的触发范例。使用 B.J. 福格的公式将其写下来：

在我【抛锚】后，我会【嵌入新行为】。

一周之内，每天在完成触发活动后"什么也不做"。慢慢地深呼吸，望向窗外或是看一幅你喜欢的画。只是一小段时间，什么都不做。记得这么做的同时关注自己的感觉和想法。如果确实有作用，你可以在下一周延长做这件事的时间或是多做几次。

27 如何摆脱毫无头绪

你有没有这样的经历: 盯着电脑试图找到接近大客户的方法, 却感觉自己正陷入僵化呆滞中不能动弹? 或者你最好的客户突然失去联系, 而你试过各种办法却无法与之重拾关系。或者一个可怕的竞争者试图抢占你的顶级客户, 但你却毫无头绪。

当我们被困住时, 大部分人会默认去做一些让他分神的事。几分钟后, 我们又得回去面对同样的问题, 处境并没有比之前更好。我们坐在桌前, 希望找到答案, 但是什么都没有。

当你陷入僵局, 是时候突破你的大脑了。起身, 离开书桌, 好好散个步, 让你的身体处于兴奋状态。至少散步 20 至 30 分钟, 因为你在寻找一些新鲜的想法, 而这些想法不会在五分钟的短途旅行中跑出来。

几年前, 我偶然发现了工作日好好散步的力量。我之前从未在上班时间散过步。一天, 出于某些原因, 我在中午出去享受下美好的天气，在那 15 分钟里，我的脑中就像释放出了什么一样。突然，一个有关项目的绝佳想法闯入了我的脑海。随后，我开始思考我的客户会在哪一种想法中发现更多价值。当我到家时，我就知道我要给谁打电话，我要向谁推荐这个概念以及价格。两英里的路程产生了收益颇丰的商业效果，而这只花费了半小时。

我开始将工作日散步变为一种习惯，它将我从工作细节中拉走，让我从更高、更具创意性的层面思考。我甚至会在开门前向自己提出问题，然后就任它在我脑海中自己发酵。

如果你这样做，你就不会成为一个懒鬼，你会变得更聪明。《头脑规则》的作者约翰·麦地那（John Medina）称，我们的大脑需要运动。当我们动起来时大脑能更好地运作。《英国运动医学杂志》表示，办公室员工每天平均要坐 10 小时，办公、处理邮件、打电话、吃午餐以及撰写提案，这还不包括晚上的时间。为了我们的身心健康，我们应该在工作时间运动至少两个小时，最好是四小时。

散步能提升你脑中的氧水平，这能为大脑带来更多葡萄糖，减少大脑的毒废料。因此你能够拥有更多燃料，并摆脱垃圾。

更好的是，散步能提升你想出新想法的能力。近日，两位斯坦福研究员玛里琳·奥珀艾卓（Marily Oppezzo）和丹尼尔·施瓦兹（Daniel Schwartz）发现，与坐着相比，散步平均能提升一个人创造力的 60%。在室内、跑步机上或是户外散步都可以，散步后，即使你回到办公桌前，你的创意性精力也会持续不断地流动。

当你坐在电脑前，你的大脑在非常专注地思考，它在寻找正确答案。当你散步时，你不仅为大脑提供更多养料，也让其转换为另一种模式。它会放松，换一个角度思考，采取完全不同的处理方法。

在你不经意间，你的大脑搜寻储存在各个区域的知识和想法，它能记起你在很久以前用过的一种策略，它能想起一篇内含有趣观点的文章，它能搜寻可能的答案、选项和想法，这就是当我们受困时需要散步的原因，这让我们能更好地思考。

商务创新人士及作家尼洛弗尔·麦钱特（Nilofer Merchant）近期进行了一次大热的 TED 演讲，她提出，"坐着"成了我们这代人的烟雾。几年前，她将开会模式从坐着喝咖啡改成了边开边散步。她非常喜欢这种方式以至于现在会经常这样做，她每周平均走 20 至 30 英里。她说，这非常有助于创造性思维，并能将全新思维模式引入你的生活。

下次当你有事想与同事讨论时，看看他们是否想开会时散步。正如麦钱特所说："新鲜的空气能够推动新鲜的想法。"人们会更加坦率，更为真诚地和你交流想法，并且你们的关系也会更为牢固。

封闭大脑不能想出改变问题的策略或解决挑战性问题的新方法。你需要在工作时间走一走，与坐在书桌前相比，这会令你更富生产力。

PS：我来自美国明尼苏达州，这里连续数月都刺骨难耐，如果我能做到，你也可以。

动一动试验

下一次，当你被困住或想要寻找新鲜想法时，不妨散步 30 分钟。如果你需要同事的想法，和他一起散步。散步，让你能脱离工作环境并找到正在寻找的答案。

28 追求成功，从掌控工作环境开始

我们的工作环境以许多不同方式对我们的工作生产力产生巨大影响。有些人在家办公，可能完全掌控自己的环境，其他人则在拥挤的办公室工作，很难掌控自己的工作环境。但是，所有人都能为创建理想的工作环境做出改变。

最小化人为干扰

无论你是在办公室还是在家办公，一天之内，你肯定会被打扰很多次。打扰，有时是个合时宜的休息，有时就是严重干扰了。即使有人想要"借你一分钟"，都可能使你失去 20 至 30 分钟的生产时间。

过去几年，当我想要集中精神时，我学会了警告身边可能打扰我的人。我在办公室的门上放一张字条，上面写着："在忙！请勿打扰。"有时，我会再贴一张字条，让别人知道我什么时候不忙。

如果你在一间拥挤的办公室，你就需要其他策略。我去过的很多公司，一些销售人员会使用消除噪音的头戴式耳机来告诉大家他们想要独处。同时，他们可能正听着Focus@Will（一款我非常喜欢的通过纯音乐来提升工作效率的应用）来盖过外界噪音，提升生产力。

美国视频游戏工作室总裁安德鲁·马什（Andrew Marsh）和他的团队会在桌上放置"静音区"标牌，以示他们在努力工作。我在网上看到过一些照片，人们在自己后背上贴着"请勿打扰"的标志以防其他人打扰他们。

另一个关键性策略就是，去一个不会被打扰的区域。经常会有聪明的销售预定办公会议室，或逃到当地咖啡馆来思考、制订策略和计划。

最后，我们必须应对那些想让我们放下一切，立刻帮他们做报告或改报告的老板。没错，我知道他们也处在压力之中，并且有时，他们的要求真的很紧急。然而，大多数情况并非如此。提前与老板谈谈你有多努力在提升销售生产力，以及被干扰的代价。当"紧急情况"发生时，你可以说："我能在30分钟内开始吗？我正在拟订一份提案，不想失去一连串的思路。"

重新整理你的工作区域

对我来说，每天走进办公区域就像进入灾区。我的桌上散落着一摞项目文件夹、收据和便利贴（用来记录想法），地上堆着一摞无法放进书架的书。我感到，自己正被眼前的混乱景象干扰着。

在此之前，我并没有觉得被打扰，但现在我却被激怒了。我成了个极简抽象派艺术家，越少越好！一天下午，我终于采取了行动。我将定时器设定为 25 分钟，把所有东西从桌上撤下，打算进行一个完全大扫除。

当我开始往回摆放物品时，我开始思考，我真的需要这个吗？它属于哪里？我扔掉了讨厌的笔和没用的小玩意。最终，我创建了一个更适宜工作的工作区域。我有一个"未完待续"箱，用于存放需要稍后处理的一切事物。我有一摞要开始的书。一切还未结束，但这是个良好的开始，我立刻感受到了差别。

整理并没有使工作区域变得一无所有。埃克塞特大学的研究显示，如果办公室的工作人员能定制他们的工作区域，那么这些人的生产力将最多提升 35%。我在办公室的墙上放了一些有意义的报价及一些艺术品。家人和旅行的照片都放在了我的书柜里。在角落里还有一个卡利用的大的猫爬架，下午都是卡利陪着我。

重新考虑你的数字办公区

最近，我在"领英"群组中提出了一个问题："你电脑上现在开着几个显示器／屏幕／标签？都是什么内容？"

詹姆斯·M.（James M.）坦白称，他的电脑桌面上同时开 10 个文件管理器，20 个标签（12 个固定）的网页浏览器，同时挂着三个账户的"Outlook"电子邮件，PowerPoint、Evernote、Notepad、一个媒体播放器以及一个图表程序。莎伦·A.（Sharon A.）在两个显示器上打开了 13 个窗口，开着"领英"、Salesforce、Gmail、Outlook、浏览器、PowerPoint、Excel、Word 等应用，还有她公司的网页以及几条相关的公司信息。

早些时候我们谈论过注意力的重要性，一次只使用一个应用或只做一件事。然而，这是理想状态，大多数情况下，很难做到这一点。作为销售，我们经常需要同时使用多个应用程序，在线调研客户、记笔记，在屏幕间切换并且与别人沟通，这很容易令人困惑。

就我个人而言，我"感觉"在装备中添加一个大的显示器会更好、更有效率。最近微软研究表明，使用较大屏幕或多个屏幕的用户的生产力会提高至少 9%。大屏幕能使人们更容易在任务间转换。这能防止他们不小心关闭文档，减少调整窗口和文档的时间。

Consensus 的销售领导杰克·雷尼（Jake Reni）对他的屏幕非

常谨慎。他知道，不管怎样，这些屏幕都会影响他的生产力。最近，他搬到了配备三个屏幕的地方以优化时间。他的方式如下：

·左面的屏幕用于处理正在进行的工作：电子邮件、日历和 PPT。

·中间的屏幕是"责任性屏幕"，内含 Salesforce、Trello（项目管理）、Slack（团队信息群发）以及 Evernote（用于存储 / 查看储存信息）。

·右面的屏幕是"分神屏幕"，用于社交销售活动，包含"领英销售导航"、Hootsuite（社交媒体管理平台）以及 Spotify（音乐服务平台）在内。

杰克认为，分身屏幕就是个十足的无底洞，能让他浪费数小时。这就是他将其搬离主工作区域的原因，在做完该做的事前，他不会看它。他也会使用许多其他生产力应用以简化他的工作。

用来创建最佳工作环境的显示器或应用的最佳数量并没有规定。重要的是，思考在极少分神的情况下完成工作的最佳方式。

我们需要考虑这个方式是否直指成功，我们是否处理了所有妨碍我们最佳工作状态的障碍。你是否需要让你的工作区域焕然一新？你准备好应对不可避免的干扰了吗？

经常抱怨的问题试验

我们都至少有一件能把我们逼疯的分心事。混乱的桌子、恼人的办公室或是某个同事，都会干扰我们在短时间内销售更多。为了不让这种事再度发生，做点什么吧。你知道这种情况终会发生，因此，想出个计划吧，或在你的日程中腾出一些时间解决这种问题，你比自己认为的更有控制力。

第**6**篇

||||||||||||||||||||||||||||||||||

如何赢得更多交易

想要在短时间内销售更多，必须要考虑减少分神，优化时间以制定全新销售策略，这能帮你获得潜在客户的关注、推动交易进行，落实更大的合同。

你需要升级思维、深化知识并提升技能。这样做，与同伴和竞争者相比，你会显著提升成单率。

在该部分中，你将发现如何：

·在更短时间内瞄准有迫切需要的客户……你也会了解追求更大、收获更多订单需要付出什么的想法，这能使你更快达成业务额。

·不要让疯狂忙碌状态的潜在客户保持现状，这些人在决策过程中会不堪重负。

最后，请意识到，是你，而不是你的产品、服务或解决方案让你成功，保持在前列。

目标：加速你的销售过程，一路赢取更多交易。

29 利用触发器把握更多机会

不要将你宝贵的时间浪费在那些行动缓慢的潜在客户上，他们会花很长时间犹豫。他们会侵蚀掉你大量的时间，并且极大地耗费你的精神。

你或许没有注意到这一点，但是现在外面正有组织迫切需要你的产品或服务。实际上，这些潜在客户甚至还没有考虑购买任何东西。但改变发生了，改变可能是内部的，也有可能是外部的。或许一个新问题或是竞争者出现了，或许他们正在经历重组，又或许他们可能在迅速发展。

这种"触发事件"扮演着催化剂的角色，迫使这些组织重新评估他们正在做的事。通常，这会让他们意识到他们的现状不足以满足他们的变化目标和需求。此时，潜在客户可能还不确定要做些什么，但他们知道在不久的将来需要做些改变。

聪慧的销售了解，这是与潜在买家接触的绝佳时机。你可以带着这些公司的想法、见解和信息以帮助他们解决他们出现的问题。福雷斯特研究公司称，如果你可以创造一个看得见的未来，你会有 74% 的可能达成此单。而且这些订单也比常规销售能更快被推进，你也会发现自己面对的竞争更少了。

如果你知道了这些最理想的触发事件，你可以追求这些更高可能、更快成单的机会。此外，你将知道如何挖掘客户以及与他们谈什么。以下就是如何发现和利用这些触发器最大化影响你的公司的方法。

确定触发器

从分析现有客户开始，首先我们要关注内部因素。想想是什么促使你客户内部发生改变。可能客户所处的商务环境发生了变化，迫使他们做出改变。

销售人员发现了一些影响购买决策的常规触发器：

·新领导层：通常在三至六个月内，新的管理层会执行新的计划以推动收入，减少成本或提升效率。

·财务公告：如果业务量上涨，扩充项目就会提前。如果业务停滞或下降，那么生产力或节约计划就会提前。

·并购／收购：任何该领域的改变都会促使组织重新评估他们所有的供应商关系。

·全新战略性计划：当发布一项新的公司指令，整个公司都会转换以确保按照新方向进行调整。

·法律／条例：政府法规（ADA、FDA、OSHA、EPA）变动影响相关组织立刻采取行动。

促使加速销售的触发事件有很多，这些只是其中的一部分。其他事件还包括新产品（或服务）公告、搬家、市场扩充、全新商务交易以及新的拨款。

如果你之前没有用过这种思维方式，那么查阅一下本地或国家商务出版物，确定可能改变组织优先事项的潜在触发器，比如，如果你看到一家科技公司刚刚通过风险基金融资 2000 万美元，那么问问自己："这会如何影响组织对我售卖物品的需求？"你越利用触发活动思维，你就会发现越多机会。

时刻更新

这些触发事件大多为公开的有新闻价值的公告，或为上市公司的财务报告的一部分。获得这类信息最简单的方式就是使用销售智能工具，它可以自动为你搜寻特定刺激因素，并及时将这些信息传递给你。

如果你只向少数公司推销或记录一组限定触发事件，你可以使用"谷歌提醒"勉强应付过去。如果你需要稳定的新潜在客户流，且向多个市场区域推销，事情就会变得复杂。这时，你就需要使用 InsideView、DiscoverOrg①、Lead411② 这样的应用程序。它们会自动为你追踪进程，整理所有干扰以找到符合你指标的触发事件，并且每天提醒你在你的领域发生了什么。亚伯丁集团研究表明，65% 的一流公司使用专业的触发活动工具。

使用触发器

当你注意到触发器，就可以通过电子邮件和电话进行接触了。你发出的每一条信息都应该与该触发事件相关，但方式又稍有不同。

例如，如果一家公司宣布第三季度收入停滞，那么请注意，这个事件实际上可能会影响组织内的方方面面。

---

① DiscoverOrg，一款通过提供原始信息，帮营销团队寻找合适时机促成销售的应用。

② Lead411，一个销售情报软件平台。

艾利克斯，我看到 A 公司刚报道称第三季度收入停滞。通常出现此类情况后，所有人都会寻找各种方式减少开支，提升效率。我们正在与一些其他组织一起应对此类挑战。我有一些想法或许能帮你摆脱困境。我们可以在下周四下午聊 15 分钟吗？

嗨，艾利克斯，由于最近的收入通告，我确定现在所有人都在忙于寻找从预算中驱动成本的方法。然而，当我们轻信于自己的效率时就很难做到这一点。在我们与 B 机构共事时，我们发现了一种方式，可以额外节约 7.2%。你周二上午有空吗？

大致了解了吗？当你将诱发活动与你传递的商务结果联系在一起时，你就会突然发现自己在与感兴趣的潜在客户接触。

当你提出初始会议时，确保聊到了诱发事件、事件挑战以及全新目标。进行一段与业务问题相关的机智谈话是加速销售的第一步。

诱发活动练习

访问多位过去六至十二个月内开始使用你的产品或服务的客户，问问他们是什么节点令他们决定是时候做点改变了。如果有人刚开始与你的公司联系，问他们同样的问题。首先你要找到是什么促使他们做出改变，而什么将维持现状。

了解更多有关诱发事件的信息，请访问 www.jillkonrath.com/ hidden- gems 下载《隐藏的宝石》电子书。

30 用"套路"节约时间

在我与艾丽西亚交谈之前，她花 20 分钟，来思考给潜在客户目标的邮件写些什么。她已经看过了之前写的两条信息，读了她的笔记，并且又看了一下这位联系人的"领英"简介。

她坐在这里卡着，没什么好想法。最终，她向联系人发送了一封亲切的"接触"邮件。她将该事项从待办事项表上划去，脸上带着大大的微笑，然后开始接触下一位潜在客户，重复着完全一样的过程。

多少时间被浪费啊！然而，大部分销售就是这样做的。挖掘潜在客户通常被认为是一次性活动。每次试图接触一位潜在联系人，你都需要回顾、研究、制定策略，定制并创建一条新的扩展信息。据 InsideSales.com 研究显示，在建立联系前，试个八到十二次是常有的事，我们说的是只用一个客户与一个人建立联系投入的大量时间。将这个数字乘以试图联系的潜在客户的数量，你就会发现时间有多巨大。

这就是必须将挖掘潜在客户作为一个体系而不是单一活动看待的原因。如果你从这一角度处理它，那么你会在短时间内获得更好的结果。想要系统化考虑挖掘潜在客户的问题，就想想下面这些问题：

·方法：如何建立联系？你可以选择包括电子邮件、电话、语音信箱、"领英"、"推特"、"脸书"、网络活动等。

·信息：每次联系时说些什么？如何创建简短却相关的信息，能够激起买家的好奇心并引诱他们建立联系？

·个性化：如何轻易定制信息？你如何使用社交媒体研究、倾听和了解你的买家？

·序列：展开活动的最佳顺序是什么？什么时候是分享有益信息的良机？

前期会有大量的工作，但是回报巨大。因为你进行了策略性思考，而非只是做出反应，有了一套系统，你将得到更佳结果。

我与中端市场机构有很多工作上的联系，通常是和销售副总。我们大多会通过电子邮件、语音信箱以及社交媒体进行沟通，沟通事项大致为周期为三至六周的推广。针对目标公司能使用的简单活动如下。

1. 电子邮件：销售生产力是这些日子的热门问题。每个人都在尝试弄清最佳应用是哪款。但问题根源并不是技术。

现在，我正在帮助一家公司的销售人员获得每天额外一小时的销售时间。

如果您对此感兴趣，我们通过电话沟通十分钟吧。下周【日期】【时间】如何？

2. 电话：您好，【对方姓名】。我是吉尔·康耐斯（Jill Konrath）。我昨天发给您一封邮件，内容是如何在不增加新技术的情况下提高销售生产力。我知道这听起来不可能，但却能做到。

下周【星期几】下午3至5点您有空吗？请告诉我。您可以通过邮件或是致电【电话号码】回复我。

3. "领英"：小熊加油！我没想到你也是他们的铁粉。【注意：共同点提示】正如我在前面信息中提到的，我与A销售机构共事，帮助他们的销售代表在短时间内完成更多工作，并且我不是在售卖科技！

如果提升销售生产力是今年的关键绩效指标，那么我们空出点时间聊聊吧。我下周【日期】下午有空。

4. 电子邮件：如何通过你的销售力获得最大生产力？即使你将大量最酷的技术带到世上，仍然有许多人为因素需要处理。

这是今日《哈佛商业评论》中的一篇文章，内容是关于分神的高付出：【www.insertlink.com】。我觉得你会感兴趣的。

5. 电话: 您好,【对方名字】。昨天给您发送了《哈佛商业评论》中的一篇文章,内容是关于分神的高付出的。不管您信不信,分神实际能够每天耗费你的销售人员一小时或更多时间。但是,这只是你浪费时间的一种方法。如果您想要了解我如何帮助其他销售团队,我们可以谈谈。我周五上午有空。我的电话是【电话号码】。

6. 电子邮件: 大部分销售人员完全不知道他们工作的方式会令他们更难达到定额。

如果销售即将开碰头会,不如谈谈如何以激励方式增长生产力。访问此链接可阅读更多详情:【www.insertlink.com】。

我们通过电话稍微聊聊你的计划吧。星期二 10:30 怎么样?

附: 如果不是您负责此事,那么请告诉我一下应该与谁联系。

7. "领英": 如果您计划在近期开销售碰头会,那么或许想要考虑专注于帮助销售人员优化时间。这是个大问题。

在过去一年,我与【某公司】共事过。如果您对他们要说的内容感兴趣,请在此处查看他们的评论:【www.insertlink.com】。

我们在电话上聊 10 分钟如何? 美国东部时间周一上午 10 点可以吗?

8. 电子邮件: 即便你没有要开销售碰头会,也没有在组织这种会议。别担心,如您有需要可随时与我联系。

此外,我觉得你或许觉得这本电子书会有帮助:《领导冲破配额销售团队的 5 条策略》【www.insertlink.com】。请享用！

　　这就有了。提前准备好 8 条信息，能帮你用最少力气应对面临相似挑战的特定潜在客户群体。此外，你可以在"领英"、"脸书"、"推特"以及其他社交渠道通过评论、分享或参与对话来放大你的活动。时刻记住，你可以通过系统化做法节省时间。

　　另一个做法就是创建一个挖掘潜在客户体系以设法得到为你带来丰厚回报的目标客户。花时间去研究一个大客户，了解他们的业务、战略型命令、竞争性挑战、诱发活动等内容。一旦你专注于这些事，就有助于筹划展开周期为两到三周的 8 至 12 次接触活动。

　　挖掘潜在客户体系只是个开始。研究表明，当有朋友引荐时，人们购买的可能性将提升四倍。此外，与通过其他方式获知的客户相比，他们的花费会增加 13.2%，使用周期也会延长 16%（《营销杂志》）。朋友推荐能带来最佳的回复，让你立即获得信任，显著缩短销售周期。你需要确认，是什么流程确保你能够持续询问他们呢？

　　想想你的提案。你有没有开发经常使用的信息模板？有没有让你的提案模板易于定制？有个像样的提案体系能够节约时间。

　　那客户故事怎么办呢？当然，如果有书面真实案例当然好啦，但是这些案例很难获得。你可以谈谈类似客户面临的类似挑战与他们取得的结果，将这些实例与潜在客户相联系，能帮助他们真正了解改变现状的益处。根据你的潜在沟通对象以及他们所面临的问题，想想可以分享的特定故事，而不是随意谈论。不要寄希望于临场表现，在压力之下，你的大脑会一片空白，并且错失真正显露自己的机会。

这些只是初始想法。你只需记住，体系时刻超越活动。没错，你需要预先计划。但是最终，它们能帮你节省时间与精力，让你专注于更大、更好的目标。

将其系统化练习

选择一个潜在客户面临的常见问题，该问题可以通过你的产品或服务解决。确定参与决策的潜在买家（通过职位），花些时间让自己专心了解他们的职责、目标、挑战、倡议等。下载销售矩阵服务应用可以帮助你，比如 Buyers Matrix，可以得到帮助，这款工具我在《急速销售》和《灵活销售》中提到过：www.jillkonrath.com/ buyers- matrix。

当你做好准备后，制订完整的八次活动计划，你可以以此来与这些潜在客户安排会见。先在几位潜在客户身上试试，看看效果如何，然后做些改进。

31 清理卡住你交易的障碍

你最不想做的事就是浪费宝贵时间在那些不能搞定的潜在客户身上。我说的是那些即使你认为解决方案对他们来说很好，但是也不愿改变意见的人。在连珠式"签到"和"触底接触"信息后，你完全对下一步要做什么没有概念。

最近，我与出售营销研究服务的特雷坐下聊了聊他的过剩输送线。他在这家公司工作两年半了，对于这短时间内开发的潜在客户，他感到非常自豪。于是，我问出了这些问题：

·如果行得通的话，他们是否已经决定改变或正在试图做出决定？

·如果他们决定继续进行，那么能实现什么商务价值？

·下一步是什么？你的潜在客户具体在做什么以推进他们的购买进程？你在做什么？

特雷通常会说："嗯，他们非常喜欢我们的解决方案。""他们对我说保持联系。"大多数情况下，他不能明确表达出如果这些"卡住的"潜在客户做出改变，他们可能实现的价值。总之，特雷无法识破能激起紧迫性的诱发事件。但是，他很有信心能在不久的将来与客户达成合作，或至少他希望能达成合作。

为什么交易会卡住

暴涨的运输线甚至能愚弄那些最佳销售人员，让他们不能追寻新的更好的机会。要么必须清理这些时间消耗洞，要么必须让他们继续推进。交易卡住的常见原因和解决问题的想法如下。

没有看到足够的价值

如果买家没有感觉到足够的价值，那么他们就会消失，选择继续一成不变。为防止这一点，预先将更多时间投入在买家的问题、挑战和目标上。谈论你的产品能带来的全部价值，让它看起来是定制版。

为清扫障碍，我们要重新专注于该业务案例，分享案例研究、引用研究，并将它们与客户相联系，这里我们可以评估提升、延迟行动的成本或指出机会成本。

有更为重要的优先事项

有时，当潜在客户告诉你他们有其他优先事项要处理，那么这 100% 是毋庸置疑的。你只需要等待更好的时机即可。找出他们现在最重要的优先事项。随后，退一步，试着在你出售的产品与潜在客户的优先事项之间"建立联系"。

比如，当油价和气价骤然卜跌，行业内的买家就会休克。他们会缩减预算，推迟决策。为疏通卡住的交易，我帮助一位客户的销售人员使用下列信息与买家结了盟："油价下跌，未来有很多不确定性，我们需要再聊聊。你需要提升效率，就现在，而不是六个月内，我有一些想法想要给你聊聊。"

人选不对

终于，你联系上了一个潜在机构里有兴趣了解更多信息的人。他问了很多问题，也喜欢与你交谈。然而，很多时候，事情也就到此为止了。因为他们无法推动组织改变。

这里的问题是，你将所有的筹码放在了一个人的身上。CEB 的研究表明，大多数当今决策需涉及四五个人。想要再一次重新联系该潜在客户，你需要开始与该机构中的更多人取得联系，而不只是那一个人。考虑一下参与你的产品或服务决策相关的"职位"通常有哪些，使用"领英"看看这些职位由谁占据。

同时，你应该让你的主要联系人了解，公司什么时候决定购买你的商品，通常程序中包含这些其他"职位"。随后，告知你的联系人，未来几周，你计划与这些人取得联系，获取他们的建议，然后，你会很快回复他或她。

误判兴趣点

有时我们会分不清别人的客套，然而这并不能达成交易。在这种情况下，我们只能做一件事：学会问更难的问题。没有必要将时间浪费在那些永远不会改变想法的潜在客户身上。我们需要问：

· 如果保持现状，你能够达成目标吗？

· 你描述的问题有多大？它能对其他事务有什么影响吗？

· 从你的角度看，改变的价值是什么？你能明确说明吗？

· 在你所有的主要倡议中，像这样的事情排在第几，原因呢？

坦诚交谈会帮助你确认是否该与潜在客户继续谈话。有些人会重新联系你，其他人会自动消失，而你会清楚地掌握客户的意向。

无任何理由

如果你已经将所有客户需要的内容给了他们，那么他们就没有理由不与你交谈。因此，你应该想出合理的理由开启下一次谈话。进入思考状态，从下列内容中挖掘出一项：

·新鲜观点：你能分享的关于该商务案例实施、决策，其他客户的额外想法、观点和信息有哪些？

·盲点：他们或许没有考虑但应该想到的问题有哪些？

·热点问题：他们组织内外是不是近期发生了一些诱发事件，影响他们的决定？

清理你的输送线需要创造力和额外的研究。当你以这样的信息联系潜在客户时，他们很难置之不理，如："我一直在考虑我们上次的谈话，并且有了能够帮你更快实现目标的想法。我们下周简短地聊个15分钟可以吗？"

清掉他们

起初，特雷不愿意使用上述策略。当你意识到自己一直在欺骗自己时，你也会感到非常惭愧。在这30天里，特雷几乎重新联系了所有客户。他进行了许多真诚的对话，分享了众多新鲜的想法并在他的联系人里扩充了许多客户。

结果就是，他将许多潜在客户从他的输送线上清掉了。这些人仍在他的客户关系管理系统中，但是他们不再活跃，尽管他确实计划在四至五个月内与多数人重新取得联系。特雷无须一直对他们感到紧张，他觉得如释重负。他也重新点燃了一些其他机会，并且达成了一些还不错的交易。

是时候停止在推进缓慢的潜在客户那儿"迂回"了，有策略地持续推进，或是将他们剔除。

清障试验

挑选输送线上应该已经达成但还未成功的十个客户，确定上述方法中哪一条最适用于哪个机会，并采取恰当行动。当你留言时，尽可能激起买家的好奇心，让他们愿意与你进行简短交谈，这样你就能够决定是否继续追踪他们。实际用用看，许多策略能显著加快销售进程。如果不能，那么就可以将这些潜在客户从你的输送线上剔除。

32 改变自己，创造螺旋式上升的好机会

是什么阻碍你实现甚至超额实现你的销售目标？当我向销售问这个问题时，我经常听到这样一些评价：潜在客户与现任供应商合作很愉快，客户觉得改变太麻烦了，他们认为价格太高了或他们就是没有理解我们。或者他们抱怨缺少训练，有个糟糕的老板或是有个不可能达到的指标。他们批评自己团队中的其他人没能定期与他们取得联系。

很多销售总是关注那些"就在那里"的无形物品或固定障碍。虽然我们不能改变我们的潜在客户，但是我们能够改变自己。

一旦掌握了这一点，我们就有了创建螺旋式上升的好机会，能让我们在短时间内销售更多。想要做到这一点，我们需要成为我们自己最好的教练，这种策略顶级销售时刻都在使用。他们将重点放在效力和"做得更好"上，而这是高效的反面。

使用该步骤可以加速螺旋式上升，该方式可以确保你持续提

升和扩充知识、技能和经验。

感到好奇

对有些搞不明白的事情，多想想别的可能，或许如果你做一些不同的事，就能得到不同结果。比如，如果你的潜在客户：

·不回应你的语音信箱或电子邮件信息，你需要在发信息时做些什么改变吗？

·不断以同样的方式拒绝你，你要说些什么引起他们的兴趣？

·在初次谈话后不想继续交流，那要怎样才能让他们更感兴趣？

·告诉你他们已经决定维持现状，你怎么才能帮他们意识到改变的价值？

·选择与你的竞争者做生意，你需要知道什么或做些什么不同的事确保其不会再次发生？

感到好奇是准备做出改变的最佳方式，是研究更多高效销售方法的开始。

更为聪慧

一旦确定想要改进的区域，让自己专心研究如何更为高效。从你的同事开始，看看他们在用的方法，问问他们如何应对你正在面临的艰难境地。研究销售专家们的说法，在网上搜索有用的信息，也可以看看销售书籍。书能让你看到这个处理流程如何运作，而不只是常规博客推文中的一个技巧或策略。

想想你的问题是症结所在还是表相。如果你在达成交易上有问题，那么可能是因为潜在客户没能看到改变中的足够价值，这时候在达成交易技巧上下功夫并不能解决问题。

试验

是的，我们又回到了这一点上。在这整本书中，我都不断在向你发起挑战，让你尝试新事物并创造你自己的试验。比如，如果你在销售过程中的某个时刻使用PPT，试试不用会如何？或是试着减少几页幻灯片或打乱顺序。你的目标是提升效力，只有试验新方法，你才能知道什么是可能的。

在你与真实客户进行"实战"前，退一步，从潜在客户的角度分析下你正在做的事。使用"假装"策略，转换为目标买家的思维模式。然后，看看你的新方法，问问自己：它能激起你的兴趣么？能激励你去改变吗？能消除拒绝么？如果不能，改变一下，再来一次。

如果可能的话，记录自己在特定试验中的表现。看看视频中你的表现或听听近期的一次电话交谈，这可以给你宝贵的启发，让你了解自己错过了什么以及如何改进。

得到反馈

自我评估的效果很有限，其他人的观点能够带你进入另一层级。你可以与同事或老板分享你的方法，并索要反馈：他们喜欢哪个方法？哪个方法不太有用？他们改进的建议是什么？如果可能的话，创造一个模拟场景，这样你就可以过一遍整个对话。尽管角色扮演有些尴尬，但这是帮你提升的绝佳方式。

挑战自己

使用客户关系管理体系，你可以轻易追踪这些指标。在你与潜在客户建立联系前，你通过电子邮件/电话与其"接触"了多少次，多少初始交谈促成了后续的会议，有多少潜在客户选择保持现状而非改变，这是宝贵的资料，也是一种新方法下的生产力和历史数据进行比较的方法。

为你自己设定特定目标，看看能不能在减少接触次数的情况下与潜在客户建立联系，或是看看是否能减少无法做决策的损失，将其制作成一种游戏，追踪你的进度。

坚持，谁也不可能一夜之间就能精通，刚开始使用新方法时，谁都会感到不便。你结结巴巴地说，一点都不自然。但是，如果你的终极目标是在短时间内销售更多，就请坚持下去。

大开眼界的试验

下一次，当问题变得艰难，而你试图责怪外部因素时，看看你自身，问问自己这些问题，像是：我到底在何处遇到的问题？我能够做些什么其他事？这时候，你的挑战是确定至少10件你能做的不同的事，从你的同事处获得想法，听听销售专家的建议，不要轻易放过自己！总会有提升销售技巧的方式。

𝟛𝟛 如何从疲惫的客户那里寻求突破

你的潜在客户也很忙，他们的日程超满，并且他们感觉无力停止这种无情且不断升级的时间需求（听起来熟悉吗？）。当人们不堪重负时，任何的复杂性都会导致急刹车。

作为销售，你为潜在客户的生活带来了额外的复杂性。做出与你交往、改变现状的决定非常困难。如今的购买团队通常包括五个人，他们有着不同（甚至相互矛盾）的需求、兴趣和问题。他们甚至可能分散在全国或世界各地。让他们同意任何事都是巨大的挑战，因为你的潜在客户不会经常做出此类决定，事情会更加复杂，做出糟糕的决定可能会阻碍你的职业生涯发展。

CEB 称，这就是许多改变提议在决策进程开始至 37% 时就被放弃的原因，即使这些提议真能让公司从中获益。你只能做一件事来修复这种境况——让你的潜在客户更容易做出决策。

这些策略能够帮助你接通疲惫不堪的买家。

勾勒路线图

你首先需要让潜在客户对改变的价值感到好奇。他们需要相信有足够理由去这么做。一旦他们同意尝试你的提议，让他们看看其他公司通常如何做出此类决策的路线图。

把自己看成一名正在解释主要项目步骤的项目经理，不是去强调折磨人的细节而是解释更高层面的概况。帮买家了解需要涉及的人员及原因，让他们看看你会与他们一起做什么，以及他们自己在决策中需要参与的步骤。

这不是推销，这是简化。在这之后，如果你的客户觉得现在要做的事有点太多了，那么你会知道，不必和他浪费更多时间。

聊聊艰难事物

希望不能帮你在短时间内销售更多，直白的交谈却可以。你需要坚定、果敢地处理潜在问题。

难题总会让人感觉不适，比如这些：

· 基于你的目标，为什么你会迫切感觉必须改变现状？
· 如果想要获得资助，像这样的项目实际需要怎么做？

·谁会对此改变倡议感到不悦，原因呢？

·改变的缺点是什么？

公开谈论这些问题，让你看起来像个伙伴或是顾问，而不是一个自私自利的销售人员。此外，它能帮助你和你的联系人设计一条前进路线，解决或清除前方可能的障碍。

先踏进这扇门

有时，在与潜在客户交谈时，你想赢得更多，所以说得天花乱坠。你为自己描绘了签署大合同的画面，这确实能让你成功一整年。实际上，你只是想不到一个在短时间销售更多的好方式。

现实是，决策越大，通常获得批准的时间就越长。在该时间框架内，太多事情会发生变故，比如第三季度表现不佳，更换领导，新的竞争性产品等。除非你在推销的是一个企业解决方案，否则在开始时，与其冒着完全失去该交易的风险，选择一个较小的交易更为明智。

建议先评估，来更好地理解问题的范围。解决一个小问题，这样你就能即时证明效果，集中在你的一个产品或一项服务上而非整套。只针对该公司的一个区域提出一项改变建议，试试看有没有效，然后再将其扩展到所有区域。关键是先踏进这扇门，证明你的价值，然后再扩展。

创建工具

让决策简单点的一种最佳方式就是开发工具，帮助潜在客户模拟一下购买过程中具有挑战的部分。为那些在证明商务案例合理性时遇到困难的人，整合一份易用模板，这样他们能在其中填入自己的数据，创建他们能够使用的投资回报率工具，这样他们就能快速了解投资得到回报的速率如何。发明检查清单以确保潜在客户不会在决策过程中错过任何关键性步骤。这一整个评估工具，能帮他们评估不同供应商，你需要确保其中包含你们的核心优势。

让你的行话简单点。在一个一片混乱、不断改变的商务环境中，这是在疲惫不堪的买家那里成功赢得订单的关键，大部分人没有意识到这一点，但这能为你提供巨大的竞争优势。

简化试验

仔细看看你自己的销售流程。你的潜在客户在什么时候会遇到障碍？他们在辨别改变时是否遇到问题？评估他们的选择很难吗？他们是否对下一步做法感到困惑？尝试不同方法创造一个能够使用的简单工具，让潜在客户更容易决策。测试一下，进行调整，然后与同事分享。

　　附：欲了解更多有关向疯狂忙碌买家推销的想法，请阅读《急速销售：加速销售并在当今疲惫的客户群中赢得更多商机》。

34 寻求更大的客户，突破收入阶梯

如果你为一家小公司工作或是个体专业人员服务，那么这条信息尤其适用于你。即使他们迫切需要你的产品或服务，向他们销售也非常困难。

首先，他们中许多人都是小气鬼，但他们必须这样。为了弥补每个客户的低廉金额数值，你需要在销售相关活动上花费更多时间，一天中也许就没什么时间来体面生活。

如果你出售服务，那么你就会遇到另一个问题。小客户不了解工作的时候需要付出什么。回想起来，我还挺同情我的第一位网页设计师安德鲁的。他刚刚起步，需要参考和资金，但结果证明，与我共事成了非常困难的挑战。我不断改变我的想法，质疑他的判断。我不断想出"杰出"的想法，但结果在实施时却成为噩梦。他偶尔会想要额外支付一笔费用，但当我发现这笔费用毫无必要时，我就会感到不安。

　　随着项目推进，他感觉自己被完全低估了，因为他做了许多额外且无报酬的工作。我也破坏了他的信心。我并不是想成为一个混蛋。我只是不知道搭建一个网页需要做多少工作。总之，我是一个糟糕的浪费时间且完全无利可图的客户。

　　如果你向更大的公司推销就不会发生这样的事情。他们能为服务支付更高的费用，毕竟，这是你能力的象征。如果你的商业案例正确，他们就已经有了可以分配给你的预算。更好的是，一旦你签订了初始合同，在其他部门获得附加销售机会就会更加容易。

收入阶梯

　　许多企业家认为，必须先在微小企业中取得成功才可以转移至更大的客户。不幸的是，许多人完全没有机会接触到更大的客户。为了源源不断的收入，他们努力地紧张工作。但最后，这些有抱负的企业家关停业务，去找了一个不是那么困难的工作。

　　为了在短时间内销售更多，你需要联络更大的组织。注意，我不是在建议你立即与全球大亨取得联络，除非你有独特技能或内部通道，否则他们对你不会感兴趣。

　　你可以向比现在合作公司规模稍微大一点的公司进军。如果你目前销售的公司收入为：

·100 万美元及以下，那么去追求收入为 500 万至 1000 万美元的公司；

·100 万至 2500 万美元，就放眼至收入为 5000 万美元的公司；

·2500 万至 5000 万美元，设法得到收入为 1 亿美元的公司；

·5000 万至 1 亿美元，请瞄准 5 亿美元的公司或大公司内的业务部门。

挑战自己，一步步在收入阶梯上攀登。在攀登的过程中，你收获了信心、专业以及高层次客户。

更大公司期望什么

想与更大组织进行商务合作，你也需要提升。由于每个决定都要涉及多个人，因此达成一个交易通常要花费数月（或更久）时间，从一开始就要期盼多次会议并确保你的计划对他们适用。

第一次交谈，你要关注与你的潜在客户目标相关的问题和挑战，并通过你的产品解决它。公司决策者对产品兜售者持零容忍态度。如果你通过电子邮件、语音信箱、电话或是会议中向他们推销，他们就会瞬间将你删除，他们尤其讨厌这种推销。从他们的角度来看，这是一种冒犯，完全是浪费时间。

在《向大公司出售》中，我清楚地说明了许多策略。为了取得成功，慢慢来，制定更多策略，确保你能投入时间做下列事情：

·研究。字面上来看，这就是入场费。除非你投入时间了解他们的组织、业务驱动器、挑战以及最新动态，不然你就没有机会。查看他们的网页，在"领英"上确认联系人，读一下他们的个人简介，他们希望你在见到他们前了解此类信息。

·这些信息做足准备。既然你已掌握了此类信息，看看如何更好地利用来发起更多接触活动（通过电子邮件／电话／"领英"），来启动一次会议。不要过力推销，你的初始目标只是让客户好奇你如何帮助他们解决商业问题。你可以练习打电话和留言，然后听一听，再改进一下。电子邮件同理，改短一点，注意语气，直击要害。

组织会议时，你要为其做计划，要准备得比以往更为充分。想一个能突出你商业案例的简介。想8到10个问题帮助你了解基本要素、现状和与你相关的目标，找到符合逻辑的下一步。在脑海中演练一遍整个会议，然后，让你的同事扮演你的潜在客户，进行会议模拟。当你发现所有小问题，相应地调整计划。

每次在梯子上爬一步，你都会遇到更多危险，但这种危险是值得的。想想看，开始，你向更大的公司出售 10000 美元，假设人们对你的产品或服务感到满意，那么你现在就有了很不错的机会，提升你在该客户面前的出现概率。这样一来，你的第二次、第三次销售工作将会容易得多，从而帮你获得更多收益。

加码试验

找出比你当前客户更大，且根据你乐观的猜测，能从你的产品或服务中获益的 10 个组织。研究他们以便更好地了解他们是做什么的，你能怎样帮助他们，以及你需要与谁联系。

在通过该练习的第一部分后，选择一个你最不想与之合作的公司。一开始，你很可能会犯一些严重的错误；事实上几乎每个人都会。这也就是为什么你不能立刻去争取你最想得到的客户的原因。

用第一家公司去练习说话，如何说以及如何顺畅表达，注意你遇到的异议和阻碍，尝试在日后避开这些难题或更好地解决它们。

要 点
▲　▲

加速销售

· 利用触发活动确定意图改变的客户。如果你提早开始，就可设定购买愿景，实现高达 74% 的成单率。

· 想想体系而不是活动。任何时候，当你发现自己在做重复性工作时，想想：如何使其系统化？我能创建一个更易打造的模板吗？创建体系减少思考和计划的时间，提升销售效率。你可以挖掘潜在客户，提议案，做展示和请人引荐。

· 不要让停滞的交易阻碍你的输送线。做点儿什么让他们重新关注你的商务案例，扩充通讯录并将你的产品带入他们的主要优先事项中，从而使交易持续推进。提供新鲜角度，洞察盲点，提供各种主题信息来保持联系。

· 当你遇到困难的销售问题时，保持好奇（而非不安），这只是伪装起来的增长机会。专心投入学习全新策略以处理它们，挑战自己，到达更高层级！

· 简化，简化，简化。如今，疯狂忙碌的买家无法处理复杂性问题。规划决策路线图，能使同意变得容易，让客户不忍拒绝。无论何时，可能的话，创建工具帮助指导你的潜在客户，并持续推进。

· 与更大公司追求商务合作。这样做不仅能够提供更大交易，同时，当你证明自己是一个成功的供应商后，你还可以向其他业务单位和部门推销。你能花费更少的时间挖掘潜在客户，因此可以将更多时间花费在增加客户上。每一个新添交易都能带来更多收益。

访问 www.jillkonrath.com/accelerate-sales-pdf 下载 PDF 版《加速销售总结》。

第 **7** 篇

||||||||||||||||||||||||||||||||||||||||||||

用更少时间拿更多订单

35 没人天生做好准备

　　没有人为这个"分神年代"做好了准备。一方面，我们只需动动手指就能获得所有信息，这一点很令人愉悦。甚至在没有与潜在客户取得联系时，我们就能找到与其相关的诸多信息。我们能通过电子邮件、"领英"、"推特"和其他社交媒体渠道进行交流。

　　但如果我们不够小心，我们就会被轻易打断，被分神网络所诱惑，浪费数小时在各种网站、文章和应用程序上点来点去，使我们脱离真正的工作。

　　因此我们投入更多时间，且更为频繁地查看电子邮件。每一个小决定都会侵蚀我们的智能，使我们更难想出新鲜的策略或学习新事物。

　　最终，我们就进入了"疲惫不堪"模式。我们告诉自己，忙碌状态有益于我们的职业生涯，或者，这是当今保持领先地位必须要有的状态。然而，我们始终想要放个长假且不再回来。

我的探索就从此处开始，疯狂忙碌状态令我生病和疲倦，我感觉我飞驰的生活完全不受控制。除了更为努力地工作，工作更长时间，我不知道自己能做些什么。

当我终于重新掌控我的生活时，我惊讶于自己在专注时段所能完成的工作数量。每周我能空出几个小时。而且，我工作的质量显著提升。有了更多时间，我能更好地准备客户会议，我更有策略，也因此提升了效率。

在保证收入的同时，每周只工作 36 小时的目标实现了吗？并没有。这是个宏大的目标，我知道想要实现它还需假以时日，但我正在稳步朝着这一目标迈进。空出的时间也使得我的创造力滋长。现在，我在挖掘一些带动收入的新方法，这些方法在我开始探索的时候甚至都不敢想，未来一片光明。

与疯狂忙碌吻别

如今，当人们再问我近来如何时，我不会再对他们说我忙疯了，我受够了这种生活方式。疯狂忙碌并不与最优生产力相关，也不是荣誉勋章。相反，我会说："我很棒，我在更短的工作时间里做完了更多事。"

　　现在我们来聊聊你，你也可以改变你的生活。在与疯狂忙碌抗争（并克服）了八年后，我很自信这么说。由于我们生来就对分神敏感，我鼓励你立即将重点放在减少其影响上。现在，它们每天会令你至少损失一至两小时，不如用这些时间来做准备或是与潜在买家共事。

　　另一个马上开始的直接原因与商务贸易有关。精明的商人投入大量时间和金钱，研究如何将你引诱至他们的世界。他们试图用不同的信息、媒介、颜色和噪音来吸引你的注意，让你点击。他们设计使人上瘾的应用程序、游戏和产品让你持续参与，这样就能收集更多关于你的信息。他们可以使用这些信息来进一步引诱你。

　　"牵引力"变得更为糟糕。我们要么落进这些商人的手中，任其摆布，要么我们就要自己决定将时间投到哪里并如何使用，我们越快了解如何做到这一点越好。

　　当你想出如何优化工作、减少分神的方法，你就会显著提升效率，提升销售技能，拓展知识。总之，你会将自己变为最宝贵的财富，成为为你的产品和服务加码的人。

智慧话语

如果你已经走到了这里，显然，你有决心做出能让你在短时间内销售更多的改变。以下是对你有用的终极建议。

·从小开始。即使你是一个成就颇高的人，如果你试着太快做出太大改变，那么你也会将自己置于失败的境地。从一小时、一天或一个活动开始，循序渐进。

·成为实验者。试验各种事物，测试全新方法。对学习的内容保持好奇。没有对与错，只有有趣的观察。如果你觉得结果还不错，将新方法融入你的工作中。

·照顾好自己。一味工作对你的生理、心理和社交方面都不好。为了以最佳状态工作，你需要睡眠、娱乐、朋友和运动。

·乐享改变。别把它当成麻烦，别与坏习惯肉搏。

·与其他人交往。你不是唯一面临这些挑战的人。邀请一些朋友或同事与你一起试试这些想法。比较结果，分享想法，有一些求胜心。

最重要的是，坚持下去。你花数年养成的日常工作习惯，不会在一夜之间改变。当你搞砸后（必然会的），重新开始这一过程并继续下去。进程虽然缓慢，但一年之间，我令自己达到了最优状态。如今，我有自己的生活，并且比以往销售更多，我希望你也能够如此。